生活因阅读而精彩

 生活因阅读而精彩

黄鑫 ◎ 著

正能量男孩
细节教育法

中国华侨出版社

图书在版编目(CIP)数据

正能量男孩细节教育法 / 黄鑫著.—北京：中国华侨出版社,2013.12

ISBN 978-7-5113-4278-2

Ⅰ.①正… Ⅱ.①黄… Ⅲ.①男性-家庭教育 Ⅳ.①G78

中国版本图书馆CIP数据核字(2013)第286093号

正能量男孩细节教育法

著　　者 / 黄　鑫
责任编辑 / 文　蕾
责任校对 / 王　萍
经　　销 / 新华书店
开　　本 / 787毫米×1092毫米　1/16　印张/17　字数/227千字
印　　刷 / 北京建泰印刷有限公司
版　　次 / 2014年3月第1版　2014年3月第1次印刷
书　　号 / ISBN 978-7-5113-4278-2
定　　价 / 32.00元

中国华侨出版社　北京市朝阳区静安里26号通成达大厦3层　邮编:100028
法律顾问:陈鹰律师事务所
编辑部:(010)64443056　64443979
发行部:(010)64443051　传真:(010)64439708
网址:www.oveaschin.com
E-mail:oveaschin@sina.com

前言
Preface

"可怜天下父母心。"每个当父母的都希望自己的男孩是阳光快乐的小男子汉,然而,很多父母会发出这样的慨叹,相比于听话懂事的女孩来说,培养男孩可是一项浩大的工程,这个工程充满了各种各样的迷惑和苦恼,在教育男孩这项工作中,只有熬得辛苦,才能收获幸福。

男孩犹如枝头的果子,他们的成长需要父母这个强大的"根系"提供丰富的养分。父母是他们的榜样,是他们的第一任老师,父母的一言一行对男孩有着潜在的影响。男孩能否坚强勇敢、乐观自信、阳光快乐地成长,很大的因素取决于父母的教育方式是否得当。好的教育,是男孩自信阳光成长的催化剂,是能经受生活风雨、磨炼身心意志的基础和保证。

美丽的鲜花需要园丁辛勤的浇灌才能娇艳绽放,璞玉也需要被精心地打磨才能成为瑰宝。教育男孩不能一蹴而就，而是一个长期的工程，父母要根据孩子的自身特点，因材施教，耐心坚持，陪着小男子汉们一同成长，一同经历守得云开见月明的美妙过程。

在男孩的成长过程中，无论是经历挫折，还是面对诱惑，父母都要悉心教导，教会他们吃苦耐劳的美德，培养他们坚持到底的毅力，锻炼他们自主学习的能力，性格坚韧、品行高尚的男孩一定是独立自主、乐观坚强、勤奋上进的，无论他们的成长道路是风雨挫折，还是荆棘密布，他们终会成为一个搏击长空的强者。

随着岁月的增长，每一个男孩都将成长为一个男人，追求成功和卓越也必将是他们的职责和目标。成功需要计划，需要一步一步去走，父母需要在正确的教育方法指导下，开发男孩的智力和潜能，教会男孩运用自己的能力，成就卓越，创造辉煌。别让男孩输在性格上，教育工作从现在抓起，陪着男孩一起成长吧。

本书以培养"正能量男孩"为视角，通过12个细节，在如何对待男孩教育上进行了全面的分析和系统的阐述，让男孩的父母从学习方法、理财技能、情商教育等几个方面获取教育男孩的优秀经验。本书内容丰富，指导性强，是众多父母教育男孩的指导性读本，相信广大父母从本书中能够找到培养正能量男孩的最佳方法。

目录
Contents

细节 01　朴素：如何教出独闯世界、意志坚韧的男孩

1. 养男孩要扑素，养出有出息的男子汉 \ 002
2. 让儿子过得惯苦日子 \ 006
3. 别把孩子当"皇帝"，温室里长不出参天大树 \ 009
4. 授之以鱼，不如授之以渔 \ 013

细节 02　勇敢：如何教出穿越挫折、迎难而上的男孩

1. 挫折：磨炼坚强男孩的利器 \ 018
2. 让孩子直面痛苦，留下坚强的脚印 \ 021
3. 培养自信，激发孩子面对困难的勇气 \ 025
4. 让孩子知道坚持到底就是胜利 \ 028
5. 不庇护，代替他成长会让他"营养不良" \ 032
6. 给男孩插上自信的翅膀，穿越重重挫折 \ 035

细节03　责任：如何教出远离庇护、勇于承担的男孩

1. 从现在开始，不再做孩子的"闹钟" \ 040
2. 为自己的过失埋单 \ 044
3. 把责任交给孩子，把他当大人对待 \ 048
4. 不替孩子找借口，培养男子汉精神 \ 052
5. 让孩子在"当家做主"中扛起责任大旗 \ 055

细节04　独立：如何教出自立自强、自力更生的男孩

1. 锻炼动手能力，摆脱依赖大人的习惯 \ 060
2. 给孩子独立尝试的机会 \ 064
3. 不要"霸权主义"，让孩子自己选择 \ 068
4. 让孩子的大脑动起来，学会独立思考 \ 072
5. 给男孩犯错的机会，有错误才有成长 \ 077

细节05　鼓励：如何教出积极自信、乐观阳光的男孩

1. 给男孩以欣赏的目光 \ 082
2. 给男孩上好乐观这一课 \ 086
3. 学会赞美的技巧，好孩子是夸出来的 \ 091
4. 用赏识和鼓励帮男孩赶走自卑 \ 096
5. 不要给男孩过高的压力 \ 099

细节 06　慢养：如何教出能忍能耐、厚积薄发的男孩

1. 人生漫漫，让男孩学会"慢决策" \ 104
2. "慢养"精髓：与孩子进行心灵交流 \ 108
3. 教育像煲汤，要用文火 \ 111
4. 成功没有捷径，让男孩一步一个脚印成长 \ 115
5. 培养男孩的耐心，告别急躁火爆 \ 119

细节 07　视野：如何教出眼界开阔、志在四方的男孩

1. 让男孩在大自然中快乐成长 \ 126
2. 让男孩从电影中获取正能量 \ 130
3. 讲故事：提高男孩情商的有效途径 \ 134
4. 巧用社会活动锻炼男孩 \ 138
5. 让男孩把世界装在心中 \ 142
6. 带着男孩体会"下乡"的感受 \ 145
7. 用名人的事例去激励男孩 \ 149

细节 08　启发：如何教出自主学习、自控力强的男孩

1. 让男孩抛却压力，自动自发地学习 \ 156
2. 帮男孩树立必胜的信念，激发潜力 \ 159
3. 做好学习的主人 \ 163
4. 用启发的方式引导男孩思考 \ 167
5. 赶走学习路上的拦路虎 \ 170

细节 09 社交：如何教出社交力强、情商出众的男孩

1. 锻炼男孩的胆量，开口说话不是难事 \ 176
2. 教男孩懂礼节，做受欢迎的小男子汉 \ 180
3. 男孩应该懂得宽容的力量 \ 183
4. 培养男孩成为一名人际交往高手 \ 187
5. 帮助男孩战胜社交恐惧症" \ 192
6. 引导男孩寻找友谊的天空 \ 195

细节 10 理财：如何教出理财力强、"钱途"无限的男孩

1. 理财教育是男孩成长中的必修课 \ 202
2. 从压岁钱开始教男孩学会理财 \ 205
3. 学会花钱 \ 209
4. 养成储蓄的习惯，不为理财发愁 \ 212
5. 培养男孩的经济头脑 \ 216
6. 为自己的金钱做主 \ 220

细节 11 冒险：如何教出大胆探索、勇敢坚强的男孩

1. 培养男孩冒险的精神 \ 224
2. 保护男孩的英雄主义情怀 \ 227
3. 男孩淘气不是罪 \ 231
4. 男孩需要坚强的意志 \ 234
5. 为冒险行为系上"安全带" \ 238

细节 12　疏导：如何教出健康向上、阳光快乐的男孩

1. 叛逆期的"放风筝"式教育 \ 244
2. 留出属于男孩的私密空间 \ 247
3. 一起顺利走过青春期 \ 251
4. 划出行动的"雷区" \ 255

细节 1 | 朴素：如何教出独闯世界、意志坚韧的男孩

"成家子，粪如宝；败家子，钱如草。"这是一句有名的教育格言。只有朴素的着养育男孩，才更有可能培养出坚韧的品质，经受住人生中凄风苦雨的吹打，从而更加伟岸。给男孩少一些物质上的享受，多一些磨难，他们才可能成长为有爱心、有责任心、有事业心、有宽容心的男子汉。

1. 养男孩要朴素，养出有出息的男子汉

艰苦朴素的男孩自强不息。

2005年度感动中国的颁奖典礼上，有这样一段颁奖词：

当他还是一个孩子的时候，就对另一个更弱小的孩子担起了责任，就要撑起困境中的家庭，就要学会友善、勇敢和坚强。艰苦的生活让他过早地开始收获，让他从男孩变成了苦难打不倒的男子汉。在贫困中求学，在艰辛中自强，今天的他看起来尽管依然文弱，但是在精神上，他从来都是强者。

这段颁奖词说的就是洪战辉。

洪战辉，湖南怀化学院的一名在读大学生，在其11岁那年家庭突发重大变故：父亲疯了，亲妹妹死了，接着父亲又捡回一个遗弃女婴，母亲和弟弟后来也相继离家出走。

洪战辉稚嫩的肩膀过早地压上了生活的重担。从读高中时，洪战辉就把父亲捡回的与自己没有血缘关系的妹妹带在身边。后来，考上大学后的他把妹妹带到上大学的异地，靠业余时间做点小生意和打零工艰难地维持生活。正是这份让人动容的坚持，2005年，洪战辉被评为感动中国十大人物之一。

贫穷，就像无情的狂风骤雨，然而，它始终没有征服洪战辉这株柔弱的幼苗。相反，在困苦的生活磨砺之下，洪战辉成为了一棵顶天立地的大树。所以说，我们不要惧怕贫穷，贫穷就是孩子最好的老师。

与之相反的是有些娇惯的男孩，他们往往却并未按照父母的期望成长。

有个21岁的学生陈某，驾驶改装过的跑车，在闹市道路上飙车时，将路人王某撞死。遇害者年仅25岁，毕业于某名牌大学，是杭州某企业员工。王某在大学就读和工作期间表现十分优秀，近期正准备与相恋多年的女友结婚，他的离去令很多人感到非常惋惜。

肇事者陈某在事故发生后，态度特别傲慢，声称可以用钱解决。被捕后，陈某在法庭上说，自己从小就被父母富养，在蜜罐里长大。平时要什么有什么，因而觉得金钱就是一切，什么事情都可以用钱解决……

类似陈某的事件不胜枚举，这不得不引起人们的反思：父母是不是应该检视一下自己对孩子的教育方法，为错误的教育承担一定的责任？要知道，孩子最终会离开父母的庇护，走自己的道路。那时，他们又该怎么办？

"再苦不能苦孩子。"很多家庭条件不好的父母，宁愿自己节衣缩食，也要给孩子创造好的物质条件。然而，这种情感如果过分了，就会变成不健康的"溺爱"，只会给孩子带来伤害。得不到美好心灵教育的男孩子，又怎么可能成为一个让人竖起大拇指的男子汉？

有的父母，对此会有一定的抱怨："面对沉重的生活压力，我怎么可能和孩子有那么多交流？"于是乎，为了补偿孩子，父母就在物质方面对孩子有求必应，孩子要星星，父母恨不得把月亮都摘下来。可是父母是否看到，这样的男孩子在长大后，会很容易认为别人对他的付出就是天经地义的，认为得到东西是不需要自己付出的。因此,这样的男孩,怎么可能有勇气面对人生的风雨呢?

其实,道理是浅显易懂的:雏鹰总有一天要离开父母的庇护,展开自己的羽翼翱翔。想要让他飞得更高更远,那就要在生活中锻炼他们稚嫩的翅膀。经历锻炼的男孩,才能使他成为雄鹰,勇敢地拥抱蓝天;娇惯则只能把他变成懦弱的"小鸡",不能面对大自然中风雨的洗礼。

朴素着养育男孩,这究竟有什么好处呢?

(1) 艰苦朴素的孩子经得起风吹雨打

古人曾说:"天将降大任于斯人也,必先苦其心志,劳其筋骨,饿其体肤,空乏其身,行拂乱其所为,所以动心忍性,曾益其所不能。""自古雄才多磨难,从来纨绔少伟男。"男孩子只有勇于面对生活中的困难,在苦日子里锻炼出了坚强、自信、不怕困难的优秀品格,长大后才有可能成长为顶天立地的男子汉。

(2) 艰苦朴素的孩子懂得靠自己

郑板桥在山东做知县的时候,把自己的儿子留在老家里让妻子教育。他怕儿子被娇惯溺爱,于是写信让妻子对儿子不可以娇纵,从小就教他背诗:"锄禾日当午,汗滴禾下土。谁知盘中餐,粒粒皆辛苦。"他要让儿子明白,生活不是衣来伸手、饭来张口那么简单的。

后来,郑板桥为了进一步锻炼儿子,就把他带到身边,经常让他做些力所能及的家务,比如洗碗、挑水等,而且从不让儿子穿绫罗绸缎,以免增长了儿子骄奢的坏习气。

直到临终的时候,郑板桥的遗言还是教育儿子如何生活和做人的:"流自己的汗,吃自己的饭,自己的事自己干,靠天靠地靠祖宗,不算是好汉。"

儿子长大后，果然事事能够靠自己，不像当时很多世家子一样，只知道依赖父母长辈，离开父辈的荫佑之后就无所适从了。

只有让孩子在苦日子中锻炼出靠自己的意识，掌握好各种生活技能，才是日后孩子在社会上的立足之本。

(3) 苦日子让孩子懂得自强不息，改变命运

人要成为自己命运的主人，做一个有志向的人，无论命运怎样安排，都不要屈服，要努力拼搏，因为胜利属于永远自强不息的人。不娇惯的男孩，会不断地对自己提出改变现状的要求，不断地战胜自己。他们有着明确的目标，懂得自强不息，会为了实现远大的理想而奋斗。

西汉时期，有一个特别有学问的人，叫匡衡。匡衡小的时候家境贫寒，但是他自强不息，从不放弃学习。为了读书，他凿通了邻居文不识家的墙，借其一缕烛光读书，终于感动了邻居文不识，在大家的帮助下，小匡衡学有所成。

在汉元帝的时候，由大司马、车骑将军史高推荐，匡衡被封郎中，迁博士，改变了全家身处社会底层的命运。

所以，望子成龙的父母们，如何才能养出有出息的男子汉，相信你们已经有了准确的判断！

2.让儿子过得惯苦日子

要给孩子创造吃苦的机会。

在李泽钜和李泽楷很小的时候,李嘉诚就开始对他们进行穷养教育。虽然家里有高级轿车,但他却常常带着儿子们骑自行车、坐巴士。

后来兄弟俩先后到美国留学,李嘉诚为了锻炼他们,没有大把大把地给他们钱,而是给他们一人买了一辆自行车,让他们和别的孩子一样,靠自己打工来赚取零花钱。兄弟俩毕业后,李嘉诚也没有为他们安排工作,而是让他们自己去找。李嘉诚这样做,只是让他们知道,路是自己闯出来的,要想出人头地,必须自己上进。

就这样,虽然身为大富豪的儿子,两兄弟的日子却过得很苦的。而李嘉诚从不因为心疼接济他们。李嘉诚曾说:"如果子孙是优秀的,他们必定有志气,凭自己的实力独闯天下。反言之,如果子孙没有出息,安于享乐,存在依赖心理,动辄搬出家父是某某。那么留给他们万贯家财只会助长他们贪图享受、骄奢淫逸的恶习,最后他们不但会一无所成,反而会成为名副其实的纨绔子弟,甚至还会变成危害社会的蛀虫。假如是这样,那岂不是害了他们吗?"

后来,兄弟俩克服了许多困难,把自己的事业做得有声有色。如今,李嘉诚的两个儿子都独立地开拓了属于自己的一片天地,甚至可以说创造了辉煌。而这一切,都与李嘉诚的教育方式有着直接的关系。

李嘉诚作为华人首富，完全有能力让自己的儿子衣食无忧。但是，他仍然选择让儿子过苦日子，自食其力。事实证明，李嘉诚的教子之道无疑是非常有效的。

德国神学家肯比斯曾经说过："事之愚蠢莫过于把希望寄放在别人的身上。"作为家长，要让男孩们学会遇事靠自己，而不是依赖父母。就像李泽楷兄弟一样，买新衣服需要靠自己打工赚钱；做事业，需要靠自己闯荡。只有如此，孩子才能学会独立，知道要想改变现状，就得靠自己去努力。

也许有些家长会不屑一顾："让我的孩子过苦日子？那怎么行，我的孩子长大了就是大老板，哪用得着打工赚钱？"这是一个错误的想法，凡事如果来得太容易，孩子就不会珍惜了。

反之，如果从小就让他知道：要想收获就必须自己付出，自己亲手努力做出成绩更值得自豪。如此，他的上进心自然会大大激发。

对于这一点，我们必须向西方国家学习。在西方，人们一般认为父母财产的多少跟孩子是没什么关系的。不论父母多么有钱，孩子很多时候也需要自己打工来赚零花钱。所以，这些男孩子特别有进取心，往往都能依靠自己的能力取得不错的成绩。

因此，身为中国父母的我们，就应该通过下面这些建议，让孩子在"苦日子"中锻炼成长。

(1) 给孩子创造吃苦的机会

即使腰缠万贯的父母，也要给孩子创造吃苦的生活环境，让他知道世界上没有不劳而获的事情。比如，让孩子做家务劳动获得零用钱，或者给人打工来赚钱买他向往已久的东西，等等。

某公司经理的儿子在当地一个重点学校念书，一般早上花10块钱打车到学校，下午则自己走40多分钟的路回家。每天的零用钱控制在5块钱左右，回来还要报账。中午则和同学们一道在学校食堂吃饭。

一次，儿子因为人太多，不想排队了，到外面花几十块钱吃了一顿麦当劳，结果遭到了父亲的批评。父亲减少了他的零用钱，并要求儿子做家务赚零花钱。从那以后，儿子再也不乱花钱了，即使大热的天，他也舍不得花掉辛苦赚来的钱买饮料。

(2) 不要轻易满足孩子的物质要求

身为世界首富，比尔·盖茨非常疼爱孩子，但是并不溺爱。在某些时候，他对自己的孩子甚至有些吝啬。

小儿子曾向比尔·盖茨要钱去买玩具，盖茨没有答应，儿子因此抱怨爸爸小气。这时，盖茨告诉他："你可以去挣，你姐姐詹妮弗就是拿着自己的钱去买自己需要的东西的。"

为了得到心爱的玩具，小儿子就给盖茨"打工"，最后终于攒足一笔钱买了那个玩具。对于这个玩具，盖茨的小儿子始终如获至宝，因为他明白这是自己辛苦"工作"的成果。

钱财来得太容易，孩子往往就不会珍惜。对于那些必需品当然应该给孩子买，而对于孩子的其他物质要求，父母就要把握好尺度，不要让他们觉得只要跟爸爸妈妈开口就可以轻易地得到。

(3) 不要留给孩子太多财富

某集团总裁曾说，不能留给子女太多财富，那会"坏了他们"，"我活着的时候他们的生活不会有太大的问题，但是我离开人世，他们的生活出现问题，那是他们自己的事情"。

比尔·盖茨将高达580亿美元的财产全部捐献给了盖茨—梅琳达基金会，一分一毫也不留给自己的子女。盖茨认为，"拥有很多不劳而获的财富，对于一个站在起跑点的孩子来说，其实并不是一件好事，再富不能富孩子。"

子承父业是中国几千年的传统，大部分家长会选择把自己的财富留给孩子。但是，把巨额财富留给孩子，也要讲究一下策略，千万不要让他一夜暴富，从而迷失了自己。

雏鹰终究要离开父母温暖的怀抱，靠自己的翅膀拥抱未来。"男子汉"也一样，有过苦日子的经历，还怕没有能力创造美好的明天吗？

3.别把孩子当"皇帝"，温室里长不出参天大树

溺爱的孩子飞不高。

10岁的男孩彬彬，家庭条件非常优越：爸爸是一家房地产公司的副总，妈妈则开了一家广告公司。因为父母工作忙，彬彬一直是由爷爷奶奶带大。老人很疼爱他，拿他当"小皇帝"一样伺候着，要什么给什么，而且什么活都不让他干。每天放学后，彬彬就躺在沙发上，边看电视边吃零食。

今年，爸爸妈妈把彬彬接到了身边，可是没过多久，他们就发现了彬彬的缺点。例如吃饭的时候，他总是吃完就走，从来不知道收拾碗筷；妈妈忙的时候，让他帮忙洗碗，他也不愿意做。有一次好说歹说洗了，结果还打碎了好几个碗；他的脏衣服也是换下来随手一扔，连放到洗衣机里都不做；妈妈整理房间的时候他也无动于衷，没有一点想帮忙的意思。

彬彬的妈妈意识到必须对孩子的行为作出纠正。于是，她规定彬彬每天必须做家务，自己照顾自己，不能等着别人伺候。起初彬彬很不乐意，但是父母没有妥协，依然严格要求他完成。

一晃半年过去了，爷爷奶奶来看望彬彬，觉得他跟变了一个人似的：不仅勤快地端茶倒水、洗好水果，还闲不住地收拾屋子。

很多时候，并不是男孩不想参加劳动，或者不想照顾自己，而是家长们不给他们机会，舍不得自己的"小皇帝"动手。"小皇帝"们被家长溺爱着，不管大事小事，家长几乎全部给包办了，根本不需要男孩动一根手指。

之所以会出现这样的现象，和我们这个大环境分不开。因为现在普遍都是独生子女，所以男孩在家中的地位可想而知。他不仅被全家人寄寓极大的希望，同时家长也心甘情愿地为男孩付出：物质上男孩需要什么大人就满足什么，生活上，家长自愿成为他的全天候"佣人"。自从男孩诞生的那天起，家长似乎就已经把他升级为"皇帝"了。

也许你会觉得，这样做是出于对孩子的爱。然而事实上，这却是一种溺爱。父母对孩子的爱无可置疑，但是凡事都有度，溺爱会影响孩子的健康成长。爱需要付出，但更需要理性。孩子的人生是自己走出来的，父母无论多么爱他，也不能替他迈出半步。无论道路看上去铺就得多么平坦，他也有遇到坎坷的那一天。为了男孩的未来，为了让"雄鹰"飞得高，就不要用溺爱的绳索束缚他的翅膀了。

男孩子想要成长为男子汉，关键要靠自己的努力，父母不能一辈子为他提供物质需要，也不能当他一辈子的佣人。

爱有溺爱和理性的爱，那么，父母如何把握溺爱与理性的爱之间的尺度呢？

(1) 家长要学会拒绝孩子

很多孩子只知道索取，他们认为衣来伸手、饭来张口是理所当然的事情。面对孩子的无理要求，家长要学会拒绝。否则，迁就就会变成溺爱、纵容，只会让他离真正的男子汉越来越远。

商场的玩具专柜前，有一个男孩子看中了一辆遥控坦克，于是缠着爸爸买。爸爸说："不行！咱们不是说好了等你做家务攒够100分再买吗？"原来，在家里，孩子做家务可以积分，积分到一定程度就会有不同的奖励。50分可以吃一次麦当劳，100分可以买一个玩具。

但是，遥控坦克的诱惑太大了，孩子有点不依不饶。

这时爸爸笑了："差一分也不能买，再说了，你今年才5岁，我都35岁了，我能随便听你的吗？你闹也没用，说不买就不买。"男孩一听，没辙了，收起继续纠缠的架势，乖乖地跟爸爸走了。而回家后，他更加努力地完成任务，期待通过自己的劳动，尽快买回玩具。

(2) 让男孩明白他不是世界的中心

著名的教育家苏霍姆林斯基曾说："要教育孩子在心中看到别人。"现实生活中，多数"小皇帝"拥有好几个忠心耿耿的"臣民"：爷爷奶奶、爸爸妈妈，有的还要加上外公外婆。这么多人围着一个孩子转，很容易让他觉得自己是太阳，形成以自我为中心的想法。

对男孩，不要搞特殊的待遇。比如有的家长把好东西都留给孩子，吃的给他留着，用的给他留着，时间长了他会觉得理所当然，感觉自己在家里高人一等，别人都得服从他。因此，对男孩这样的特殊待遇，父母们一定要避免。

(3) 不要让孩子觉得自己学习好了就是"有功之臣"

有些父母总是认为孩子把学习搞好就行，于是什么事情都代替孩子做了，结果导致学习好的孩子觉得自己是"有功之臣"，其他事情理应由父母来做。所以，父母应该明确地告诉孩子，学习和做适当的家务都是他自己的责任，而不是父母的义务。

(4) 不要护短

父母觉得自己的孩子优秀，这无可厚非。但是，这并不等于说自己的孩子永远是对的。如果孩子与别的小朋友发生争执，父母不应该袒护自己的孩子。否则，孩子就会把父母当成"保护伞"，认为自己怎么做都对，从而使是非观念变得扭曲，甚至会导致不可预料的后果。

伟民的爷爷奶奶非常疼他，他也经常仗着这一点跟爸爸妈妈叫板。有一次，妈妈喊伟民吃饭，伟民还沉溺在游戏中不能自拔，于是很不耐烦地让妈妈不要烦他。

妈妈非常生气，毫不留情地把他拉到了饭桌上。这时候，奶奶不愿意了，她拦住了妈妈，抚摸着孙子的头说："哎呀，不要这么用力，孩子哭了怎么办？"她又对孩子妈妈说："看你多狠心，自己的亲生儿子都下这么重的手。"

在奶奶的"安慰"下，才上初一的伟民胆子一下大了起来，竟然站起来把桌子掀了。这一下全家人面面相觑，妈妈对奶奶也不满起来。

温室里长不出参天大树，庭院里养不出千里马。孩子只有远离溺爱，才能拥有正确的人生观和世界观，从而在长大以后，可以在生命的天空中飞得更高。

4.授之以鱼，不如授之以渔

与其让孩子坐享其成，不如让他自食其力，学会谋生的本领。

有一天，妈妈带着14岁的程林去买运动鞋。妈妈带他逛了好几个专卖店，都没有找到一双喜欢的鞋子。妈妈有些诧异，就问程林，到底想要什么样的。

程林说："妈，我想要一双耐克的运动鞋，外国的牌子才拉风，我很早就想要了……"

妈妈说："那个牌子太贵了，给你买双便宜点的好不好？"

"妈，我超级喜欢耐克的鞋，您就答应我吧，您就我一个儿子，您的钱不给我花给谁呀。"程林用渴望的眼神望着妈妈。

拗不过儿子，妈妈只好给程林买了一双耐克的鞋。看着这上千元的鞋，妈妈禁不住想：儿子知不知道这个社会上还有很多人一个月的工资还买不到一双鞋呢？他为什么觉得花妈妈的钱这么理所当然呢？

很多经济条件比较好的父母，往往从小就让孩子过着锦衣玉食的生活。吃的穿的用的都是名牌，甚至有些十几岁的青少年就拥有了很多奢侈品。孩子坐享其成，好像钱来得很容易一样，把父母当成了自动提款机。

爱孩子无可厚非，然而授之以鱼，不如授之以渔。与其让孩子坐享其成，不如让他自食其力，学会谋生的本领。如果只是把自己的家产、金钱留给儿子，而不把自己艰苦奋斗的创业精神和谋生的技能传给他，那么，他还会用心去锻炼自己的能力吗？什么都跟父母伸手去要，他又怎么能靠自己的双手打造属于自己的未来呢？

更可怕的是，这种男孩长大以后很容易变成"啃老族"，在应该独自闯荡的年龄还依赖父母。试想，当你已经两鬓斑白之时，又怎么可能有能力再去为他规划一切？那个时候，恐怕伤心的就不只是孩子一个人了！

所以，要想培养有出息的男孩，就要让他明白不应该坐享其成，增加其自食其力的能力。如何才能让男孩做到这样呢？父母们不妨从下面几方面入手。

（1）对男孩不要百依百顺

小孩子并不具有完善的分辨是非能力，不知道坐享其成是一种耻辱，这个时候父母就需要给他一些挫败，让他明白不是什么事都应顺着他的。

有些父母只要是男孩提出要求，就千方百计地去满足，从来不考虑他的要求是否合理。如果这样的习惯成了自然，那他今后唯一的谋生手段恐怕就是"敲诈"父母了。

（2）让男孩知道钱来得并不容易

小男孩可能不知道钱是怎么来的，所以家长可以告诉他自己一个月能赚多少钱，其他人一般能赚多少钱，等等。还可以带他去一些劳动场所，让他知道只有付出辛勤的劳动，才能有所收获。这样他在伸手跟家长要钱的时候，就会想到金钱来之不易了。

（3）给男孩灌输"不劳不获"的观念

父母对孩子的爱是无条件的，但是，在家庭教育当中，对孩子的物质要求却不能没有原则。比如，孩子到了需要有零花钱的年龄，父母可以规定孩子通过做一些家务来获得报酬。

王磊上初一了，因为中午要在学校餐厅吃饭，一顿饭一般要花七八元钱，于是父母告诉他，不劳而获是很丢人的事情，他们决定给王磊找个"工作"赚钱。父母规定，每天晚饭后王磊洗一个碗可以赚一元钱，扫地可以得五元钱，倒垃圾又能收入两元。这样，王磊每天就可以赚十几元钱，除了第二天的午饭，还有剩余。

由于这个工作不需要占用王磊太多的时间，而收入非常"丰厚"。因此，王磊干劲十足，一个月下来，王磊用攒下的钱买了一双向往已久的足球鞋。这双鞋原本是妈妈准备给他买的，这下妈妈觉得还真小看了儿子的能力。

(4) 教给儿子"谋生"的技能

"谋生"的技能不一定是非常专业的，对于年龄尚小的孩子来说，专业技能太过高深了，所以父母很多时候只要引导孩子做些力所能及的事情就可以了。

有一天，孩子放学回家对李先生说："爸爸，我们学校要组织一次野炊活动，可是经费得自己想办法，不能向家里要。可是我不会挣钱呀。"

李先生说："儿子，爸爸相信你能靠自己的本事挣钱。哪怕捡饮料瓶、发广告都能赚钱，关键是看你去不去做。"

儿子受到了启发，于是和几个同学约好，周末的时候给一家电器大卖场做宣传员。

只要父母有心，男孩将来就能够自食其力，用自己的双手创造出美好的未来。一个可以创造财富的孩子，一个对生活有所体会的孩子，又怎么会在成长道路中被种种挫折击败呢？

细节2 | 勇敢：如何教出穿越挫折、迎难而上的男孩

人生漫漫，总是苦乐和喜忧参半，
父母要在男孩成长的初步阶段教会
他们如何面对人生中的挫折与痛苦。
在挫折面前屡败屡战的男孩，
定会绽放出他们夺目的光彩，
定会更加坚强勇敢，
飞跃成长途中的坎坷和荆棘。

1. 挫折：磨炼坚强男孩的利器

父母必须通过自己的帮助，让孩子炼成钢铁般的"坚强战士"。

高士其是我国科普作家。他在外国留学时，有一次做实验，一个装有培养脑炎过滤性病毒的玻璃瓶子破裂了，病毒侵入了他的小脑。从此，他留下了终生的残疾。

然而，他没有对学业半途而废，他坚强地忍受着病毒的折磨，学完了芝加哥大学细菌学的全部博士课程。回国以后，他又拖着半瘫的身子，继续工作。后来病情更加恶化，说话和行动都十分困难，连睁、合眼都需要别人帮助。但他仍顽强地跟病魔作斗争，以常人难以想象的毅力进行创作，先后写成一百多万字的作品。

有人问他苦不苦，他笑着说："不苦！因为我天天都在斗争，斗争是有无穷乐趣的。"

现在的男孩多是独生子，父母总是给予了他们过多的宠爱，忽视对男孩性格、品质方面的培养，造成孩子缺乏坚强的品格而变得懦弱。

但是，一个没有坚强品格的孩子，是不可能在这个社会站稳脚跟的。待孩子长大之后，他很可能就成了一个软弱的人，面对困境只懂得逃避、放弃。如果要等他进入社会再来补上一课，那么他付出的代价将会更大。

日本心理学家发现，那些性格软弱、耐性差的人，最容易产生自杀的念头。而众所周知，青少年自杀现象已经成为日本社会的顽疾，这正是因为很多男孩子内心不够坚强造成的。

所以，为了避免类似的惨案，父母要让孩子懂得：在人生的战场上，我们不但要有跌倒之后再爬起的毅力，还要有拾起武器再战的勇气，绝不允许自己软弱地逃避或者倒下，在面对挫折时要永不放弃！

当然，坚强的品格不是男孩与生俱来的，而是在后天的培养中逐渐形成的。因此，父母必须通过自己的帮助，让孩子炼成钢铁般的"坚强战士"。

(1) 父母要狠心培养男孩坚强的品格

那些性格比较软弱的男孩遇事往往优柔寡断，碰到困难不能坚持，承受挫折的能力差，一旦有暂时解决不了的问题，就只想到退缩和逃避。对于这样的孩子，我们就必须狠下心，绝不要因为他的苦恼而放弃原则。

从小时候起，妈妈就特别宠爱立超。平时，妈妈总是顺着立超，立超想怎么样就怎么样，妈妈舍不得他受一点委屈。比如，晚上看电视的时候，已经很晚了，妈妈如果让他去睡觉，他就撒娇耍赖皮，妈妈就不忍心了，尽管这样会影响他第二天上课。

有一次班上要举行800米测试，他只跑了一圈就坚持不下来了，非得要停下来。全班就他一个人中途放弃了，妈妈在旁边说了他几句，他竟然当场大哭起来。老师也觉得这孩子太懦弱了，不像个男子汉。

这个时候，妈妈才意识到，自己平时对立超太放纵了，应该狠心一点才对。

男孩只有拥有坚强的品质，才能够在跌倒后咬紧牙继续前进，直到取得最后的胜利。因此，父母在培养男孩的意志力的时候，要狠心一点，不经历风雨的洗礼，他又怎么能见到彩虹呢？

(2) 从小事做起，从挫折中有意识地磨炼男孩

坚强的品格特征不是一朝一夕就可以完成的，需要从一点一滴做起，循序渐进、持之以恒。比如，孩子跌倒了让他自己爬起来，而不是伸手去扶。在儿子上了小学接送他几次之后，就要告诉他，爸爸和妈妈工作都很忙，你应该自己学着坐车回家了，等等。

只有让他明白，遇到问题，只有依靠自己的力量才能得到顺利解决，这样他才能不断锤炼自己的内心。

(3) 让孩子离开自己生活一段时间

很多孩子之所以不够坚强，就在于没有挫折磨炼，他们身边总有可以依赖的人，有什么事情，总是首先想到向爸爸妈妈或者爷爷奶奶求助。鉴于此，可以在合适的时机让孩子离开父母生活一阵。

当李阳离开父母，到住宿学校时，他遇到了很多前所未有的事情。什么事情都要靠自己张罗，比如一开始连面都不会煮，只能泡着吃。一开始他极不适应，甚至偷偷掉了几次眼泪，后来终于从不会到会，再到熟练。

这些经历让李阳成熟了很多，从此变得坚强，基本上什么事都不用求人，靠自己就能解决了。一学年结束之后，李阳就像变了一个人一样，坚强多了。

挫折是锻炼坚强男孩的最好教材，在人生的道路上，只有那些坚强的男子汉，才能从容面对那些不期而至的磨炼，谱写出精彩的人生乐章。

2.让孩子直面痛苦，留下坚强的脚印

挫折是男孩成长为男子汉的必修课。

美国总统约翰·肯尼迪在小的时候，有一次，父亲赶着马车带他出去游玩。在经过一个拐弯处时，小肯尼迪被飞驰的马车甩了出去。他坐在地上，等着父亲过来将自己抱回到马车上。但是，父亲停下车，却悠闲地吸起烟来。

小肯尼迪叫道："父亲，快过来扶我起来。"

"哦，你摔疼了吗？"父亲问道。

"是的，我屁股很疼，我自己站不起来了，你干吗不抱我。"小肯尼迪带着哭腔说。

"再痛也要站起来，自己爬上马车。"父亲严厉地说道。

小肯尼迪见撒娇无用，只好挣扎着站了起来，然后艰难地爬上了马车。

父亲问他："你知道为什么我要让你自己爬上马车吗？"

小肯尼迪迷惑地摇了摇头。

父亲接着说："人生就是这样，跌倒了要自己爬起来，继续前进。如果再跌倒了，就要继续爬起来。无论在什么时候，你都要靠自己打败困难。"

父母要让男孩明白，磨难是生活的一部分，就像小肯尼迪跌下马车一样，不管他乐不乐意，磨难都会不期而至。只有正确地面对磨难，男孩才能更快地成熟、成长。成功的路上有太多的荆棘，只有愈挫愈勇把困难一个个踩在脚下，才能使自己的生命丰富而充实，走向成功。

没有一个男孩可以逃避成长路上的坎坷。当他受到磨难，表现出痛苦时，父母也许会心疼、会不忍，但这个时候，绝不可以把他抱起来。可以给他建议、给他帮助，但不能代替他自己站起来。

其实，对男孩来讲，跌倒算不了什么。如果因为害怕再次跌倒而没有勇气自己爬起来，或者一味等待别人来扶，甚至自暴自弃、一蹶不振，那么在人生的道路上，他就只能成为一个"匍匐者"。父母要想让自己的孩子留下坚定的脚印，就要教导男孩做个坚强的男子汉，在哪里跌倒就在哪里爬起来。

挫折是男孩成长为男子汉的必修课，父母千万不要越俎代庖，代替他成长。看到男孩有一点点困难就立刻介入其中，这只能剥夺他体验生活的权利，无助于坚强、独立性格的养成。挫折给孩子带来的教育是无法代替的，男孩们只有在每一次跌倒后自己爬起来，才能在以后的道路上站得更稳，走得更远。

当然，提升孩子的受挫能力，也是有一定方法的。

(1) 教育孩子正确看待磨难中的痛苦

"磨难是男子汉成长的必修课"，要想教育孩子，父母对此就要有正确的认识。只有如此，孩子才能正确地看待挫折，不畏之如虎，把挫折看成一笔财富，从而锻炼出坚强的意志。

比如，父母可以用名人成功的事例鼓励自己的孩子：贝多芬在 26 岁时不幸失去了听觉，但是他没有放弃，而是发誓"要扼住命运的咽喉"，结果创作出了很多世界名曲；林肯一生经历了几十次的失败，最终才走向了成功……这样的例子肯定能引起男孩心中的英雄气，帮助他们坚定战胜挫折的信心和勇气。

(2) 遇到挫折，教男孩转移消极情绪

困难总是存在，而失败也是不可避免。无疑，这些问题都会给男孩带来不良的情绪。如果父母不及时引导男孩学会转移消极情绪，让男孩摆脱挫折负面的影响，这些挫折就会阻碍男孩的进步。

李珉在期末考试中一下子退步了好几个名次，要强的他很痛苦，整天把自己关在房间里闷闷不乐。父母看李珉这样，为了转移他的消极情绪，决定周末带着他一起去爬山。

登上山峰的李珉看到美丽风景之后，几天的郁闷心情一扫而空，李珉的斗志又恢复了。在好好地休息放松了一下之后，李珉全力投入了学习中，成绩也提高了。

男孩遭遇了挫折，心情不好的时候，父母要帮助男孩尽快清除消极情绪，这样男孩才能顺利地走过去。

(3) 及时疏导，为挫败的孩子保驾护航

孩子的心理承受能力弱，如果一次挫折被孩子看得很严重，而父母依然完全放手的话，也不利于孩子的成长。因此，家长应该看准火候，在孩子最需要的时候帮一把，及时施以援手，帮孩子解开心结。就像篮球场上的教练一样，在关键的时候可以叫一个暂停，改变一下策略，从而改变场上的不利局势，这样能够避免挫折给孩子的心灵蒙上阴影。

(4) 让男孩在挫折中寻找收获

"失败是成功之母。"父母要让男孩明白一个道理：倒下了，爬起来也要抓一把沙子，在挫折中也要学到东西。

马修与小朋友下跳棋，妈妈在一边观看。她见马修只顾进攻不顾防守，知道儿子肯定会输，但她没有提醒儿子，而是想让儿子接受一下教训。结果不出她所料，马修一败涂地。

妈妈看着一脸不高兴的儿子，安慰他一番之后，然后引导他分析原因。马修明白了失误所在，兴奋地要跟那位小朋友再来一局。这一次，他及时地规避了之前的错误，从而将对手击败！

平时，父母要有意识地让男孩去找失败的原因，让他吸取教训，总结经验，学习新的方法。从点滴的小事做起，培养孩子从挫折中学习的能力，这样，他就会终生受益无穷。

总之，爱孩子就要让他提升受挫能力。让他在人生的道路上勇敢迈开前进的脚步，战胜一个又一个挫折，从而走向胜利的彼岸。

3.培养自信，激发孩子面对困难的勇气

男孩要走向成功，就要正视痛苦，而不是逃避。

甘地的儿子拉吉夫小时候常常因为小事哭泣，而甘地夫人不是溺爱地去哄他，而是告诉他："花园里的喷泉多美，你哭的时候就到喷泉那里去哭。"

拉吉夫12岁时，因生病需要进行一次手术。拉吉夫非常紧张、恐惧，医生原本打算说一些善意的谎言：手术并不痛苦，你用不着害怕。

可是甘地夫人却不同意，她始终坚持孩子已经懂事了，说这样的谎反而会对孩子造成不好的影响。所以，她阻止了医生。随后，甘地夫人独自来到拉吉夫的床边，平静地告诉他："手术后的几天会相当痛苦，但是谁也无法代替你受苦，因此，你必须做好精神上的准备。哭泣或叫苦都不能减轻痛苦，可能还会引起头痛。你是勇敢地面对这一切，还是软弱而徒劳地逃避呢？"

拉吉夫听了母亲的话，勇敢地接受了手术。手术后，拉吉夫并没有因伤口的疼痛而哭泣，而是勇敢地忍受了一切。坚强的拉吉夫后来成为印度历史上第六位总理。

人的一生，总会经历无数的痛苦和挫折，从小时候吃药打针开始，再到走向工作岗位。男孩想要走向成功，就需要正视这些痛苦，而不是选择逃避，

否则将会碌碌无为，最终一事无成。

要想让孩子达到这一点，父母就必须对其进行引导。父母应该告诉男孩，人生的道路上总有艰难坎坷，要想成为一个强者，就要有"亮剑"精神，在面对挫折之时，要勇往直前，毫不退缩，如此才能成为征服困难的英雄。

人生没有过不去的坎儿，只要坚强地面对困难，总有办法解决。在培养孩子坚强性格的同时，也要激发他们的潜力，从而让男孩成为一个自强自立的男子汉。

当然，仅凭这几句大道理，是不可能打动男孩心的。我们必须从以下几个方面着手，培养男孩战胜痛苦的勇气。

(1) 勇气需要激发，利用男孩的英雄情结

男孩天生都有英雄情结，看《西游记》的时候，希望自己是神通广大的孙悟空；看《奥特曼》的时候，希望自己是打败怪兽的奥特曼；看《蜘蛛侠》的时候，希望自己是飞檐走壁的蜘蛛侠……

正是因为男孩有这样的心理，所以父母在陪孩子欣赏动画片的同时，还可以用里面的英雄人物，作为孩子的榜样。比如，父母可以跟孩子说："你看，开始的时候奥特曼被怪兽打倒了，但是他多么坚强勇敢啊，最后把怪兽打败了。儿子，你也要做一个坚强的人，以后打针的时候不能再怕了，要像奥特曼那样勇敢，知道吗？"这样的教育，比单纯的说教要好得多。

(2) 给予孩子战胜挫折的充足信心

世界对每个男孩来说都是新鲜的，因此，他们在刚开始遭遇挫折的时候，往往会显得手忙脚乱，束手无策，但是这并不代表男孩甘心失败，也并不代表他不想迈过这个坎。因此，这个时候家长千万不能打击男孩，否则就会让

男孩失去再一次尝试的勇气，变得自卑、懦弱。

铮铮刚学会自己吃饭，筷子用得还不是很好。这一天，奶奶做了汤圆，铮铮非常高兴。他好不容易才把圆滚滚、滑溜溜的汤圆夹起来，结果一不小心，汤圆掉到了地上。铮铮看着掉在地上的汤圆，哇的一声大哭起来。

这时候，妈妈说："铮铮，你看妈妈有时候还夹不住呢，第一次吃汤圆你就能夹起来，真不错呀。再试一次看看。"铮铮止住了哭声，第二次果然顺利地吃到了汤圆。

在孩子遇到挫折时，用积极的话语鼓励男孩，比动手替他做要高明得多。

(3) 从小事做起，在日常生活中潜移默化

家长作为孩子的第一任老师，在男孩个性的形成过程中起着非常重要的作用。人的一生会经历许多痛苦和挫折，孩子经历的第一次挫折很可能就从吃药打针开始。

看着孩子满脸恐惧、浑身发抖的样子，听着他世界末日般的哀求："妈妈，妈妈，我怕，我不想打针。"作为父母的你不免心疼，但这是孩子必须经历的，也是必须独自承受的。人生所遇的磨难远不止打针吃药，所以，在他眼泪汪汪的时候，你需要让他明白，这是成长为男子汉的第一步，要鼓励他勇敢面对。

(4) 做孩子抵抗挫折的坚强后盾

方特在班级联欢会上表演节目的时候出了错，把跟他搭档的小伙伴绊倒了，这引起了哄堂大笑。方特非常懊恼，到了台下跟妈妈说："以后我再也不上台表演了，免得当着那么多小朋友的面出丑。"

妈妈鼓励他说："这点小挫折怕什么，你只不过事先没有准备好，下次你一定会表演得更出色！"方特受到了鼓励，握着小拳头说："嗯，下次我一定努力。"

父母的一个小小鼓励，也许就能帮孩子渡过一个难关，所以，父母要在孩子遇到挫折的时候，做好他们的后盾，让你的男孩感觉到自己不是一个人在战斗。

4.让孩子知道坚持到底就是胜利

如果男孩遇到挫折就退缩，那么他永远不可能体会成功。

有一年冬天，明明跟着爸爸妈妈到北方的老家过春节。初一早上下雪了，明明是第一次见到雪，他看着外面洁白的雪花兴奋地大喊大叫。这时，爸爸提议说："明明，咱们去堆雪人吧。"这个提议把小家伙乐得不行，马上就跑到院子里大干起来。

可是才堆了一半，明明就觉得太冷了。他的热情来得快去得也快，说了一句："太冷了，我不干了。"然后就跑回了屋里。爸爸看着明明半途而废的作品很无奈，他想了一会儿，决定趁这个机会"教育"一下明明。

明明看着爸爸在外面拿着相机对那个半成品的雪人照呀照的，就好奇地问："爸爸，你在干什么呀？"

"哦，我在给你的雪人拍照呀，回去让你幼儿园的小朋友和邻居家的小妹妹看看你的杰作。"爸爸笑着说。

"不行，这个雪人都没有堆完呢，太丢脸了。"明明抗议道。

"那为什么不把它堆完呢？"

"太冷了啊，我的手都冻红了。"

"你可以戴上棉手套呀，外面再戴上奶奶洗碗用的手套，不就不冷了吗？"

"对呀。"明明的兴趣又回来了，于是继续开始了堆雪人。最后，一个雪人成功地被堆了出来。

在通往成功的征途中，一帆风顺是不可能的，每个人都不可避免地会遇到挫折。而要想获得成功，就必须在无数次被打倒后重新站立起来，吸取每一次的失败教训，持之以恒地坚持下去。成功没有偶然，要想男孩们以后有出息，就要在小的时候让他们知道坚持就是胜利。

可是，孩子们怎么可能有如此深刻的认识呢？男孩的意志力往往较差，兴趣的持续性也不强，遇到困难就会打退堂鼓，半途而废。这时候，有的父母甚至还会为孩子找借口："孩子还小，这个凳子太重了，搬到客厅中间就不错了。"殊不知这样做，其实就是害了孩子！如果男孩遇到挫折就退缩，那么他永远不可能体会成功，永远只能以畏畏缩缩的心态来面对世界！

所以说，孩子想要逃避是天性，但父母万万不可再为此"加油助威"。如果不能从小培养男孩有始有终的习惯，那么他们就不可能成为顶天立地的男子汉！

可是，作为父母的我们，该如何改变男孩不能坚持到底的习惯呢？

(1) 用名人坚持不懈的精神激励男孩

无论大人还是孩子，名人效应都具有很大的效果。父母苦口婆心半天，可能还不如某个巨星微不足道的一句话管用。崇拜名人是很多男孩的天性，所以，善于讲故事的父母，可以好好利用这一点。

晨晨开始学习英语了。一开始，他还比较有兴趣，叽里呱啦地说个不停，可是过了几天就不行了。他对妈妈说："学英语太难了，我的舌头都打结了。老师也说我的发音不准，我不想学了。"

听到孩子这样说，妈妈给他讲了德摩斯梯尼的故事——这个天生口吃、嗓音微弱的人，经过了几十年口含石子朗诵的刻苦训练，终于成为古希腊有名的演说家。最后，妈妈强调："你不是说，你将来也会成为一名伟人吗？你看看，真正的伟人是怎样做的？"

妈妈的话，让晨晨若有所思地点了点头。从这以后，他很少抱怨过学习英语的困难，而妈妈也会给他讲各种名人坚持到底的故事，鼓励他不要半途而废。

爱迪生、爱因斯坦、居里夫人……我们有很多坚持不懈从而取得成功的名人例子。这些我们都可以灵活运用，以此激发孩子的自信心。

(2) 让孩子看到自己的"进步"

父母要知道，鼓励是比批评效果更好的鞭策手段。用好这个工具，父母对孩子的教育就可以事半功倍。哪怕这只是一个善意的谎言。

方晋在一个少儿书法班里学习书法，开始的几天他很有兴趣，每天回到家里都会写几张。可是几天之后，他发现自己的字仍然歪歪扭扭，十分难看，就感觉到枯燥无味，失去耐心了。

这一天，他又在草草应付，爸爸突然假装惊喜地说："晋晋，你这个'人'字写得很有进步啊。"

"是吗？"本来无精打采的方晋有了精神，"我还以为一直没有进步呢。"

"怎么会呢？大书法家王羲之是写了一池塘水才成功的，只要你坚持下去，你也能成书法家。"随着爸爸隔三差五的鼓励，方晋的热情持续了下去，后来还在学校的书法比赛中获了奖。

(3) 在日常生活中训练男孩的毅力与恒心

为了培养孩子的毅力，父母可以利用周末的时间，带着孩子去爬山。爬山的好处在于：既让男孩的身体得到锻炼，又让他的意志经历锤炼。

除了爬山，体育锻炼、竞技比赛，这些我们都可以鼓励孩子去参加。当然，在制定项目时，我们要根据孩子的实际能力和体力，不要制定出让孩子怎么努力都无法完成的任务，那样反而会伤害孩子的积极性。

俗话说，坚持就是胜利。只有让孩子明白到这一点，那他在面对挫折的时候才不会轻易放弃，而这不仅能够锤炼他坚忍不拔的毅力，更能够赋予他在人生的征途上跋涉的源源动力。

5.不庇护，代替他成长会让他"营养不良"

男孩只有学会在逆境中解决问题，才能不断战胜挫折。

植树节到了，某小学组织学生上山植树劳动。到了山头，老师分配好任务，让女生负责浇水，男生挖树坑、抬树苗等。

同学们干得都很起劲，只有一个男同学在一棵大树下坐着。老师过去问他为什么不干活，他说："我不会干，我也干不动！"老师教育他说热爱劳动是好习惯，于是，他也拿起铁锹，学着其他同学的样子挖起土来。

可是，不到10分钟，这位男生就哇哇地哭起来了，老师以为发生了什么事故，赶紧挤进围观的同学中，却发现这位男生是因为手上磨出了水泡……

原来，这位男生在家里除了穿衣吃饭之外，其他都是父母包办。父母给他报了各种补习班：音乐、美术、英语，等等，唯独没有给他上过"劳动"这门课。生活中所有的挫折，父母也都提前替他"摆平"了。因此，这个男生从没有看到过手上的水泡，当看到自己手上"可怕"的水泡，就禁不住大哭起来。

很多父母表示不解："现在的孩子怎么这么娇贵呢？像我们小时候，十几岁的时候就拉着板车走几十里的路了。""我儿子现在才10岁，就成了小胖子了，别说干活了，让他走上一站地他都呼哧呼哧地喘半天。"

而这些父母一边说着，一边给孩子送上削好的水果，然后把孩子换下来的衣服泡到了盆里……

其实，儿子变得这么娇气，这一切都是父母造成的！现在的很多父母，一心想让儿子实现自己曾经的梦想，或者为了让儿子将来能够出人头地，不惜为男孩扫清一切障碍，凡是影响儿子精力的事情，完全由自己包办，不让他们受一点点委屈和挫折。如果自己能够代替孩子上学、成长，他们也会义无反顾。

其实，父母的这种做法，无疑剥夺了男孩经受挫折的历练，而这种历练正是男孩成长过程中必不可少的经历之一。要长成参天大树，就不能把他隔绝在暴风骤雨之外，否则温室中长大的男孩，很容易被现实中的风雨摧垮。那种让孩子绕过成长路上的一切障碍和弯道的教育方式，是很难行得通的。

困难和挫折是孩子的宝贵财富，父母希望儿子少走弯路的心情可以理解，但是，一味庇护只会让你的男孩永远也长不大，代替他成长也只会使他"营养不良"。要想让男孩长成真正的男子汉，必须让他亲自走出属于自己的路，让他自己经历彩虹之前的风雨。所以，在与孩子的交流中，我们必须做到以下几点：

(1) 让男孩在生活中体验失败的感觉

有一天，王利明放学回家，却发现爸爸妈妈不在。这时，他看到了妈妈留给自己的字条。他把字条打开一看，原来爸爸妈妈有事出去了，而且要很晚才能回来，而妈妈让他自己解决晚饭的问题。

平时晚饭，王利明都是等着妈妈来做。可是今天，他只好自己张罗着填饱肚子了。王利明想："这个难不倒我，虽然我没有做过饭，但是我见过妈妈做呀。这下我该大显身手了。"于是，他学着妈妈的样子，准备给自己做一份西红柿鸡蛋面。

由于王利明平时没有仔细观察过妈妈做饭的方法，于是想当然地把面扔进水里煮了起来。最终，他的西红柿鸡蛋面成了一锅分不清是什么的糊状物。王利明不明白，怎么煮个面条这么难呢？

现在的孩子生活在一个富有的年代，优越的生活条件和家人无微不至的关爱已经使他们不知道什么是苦与累，也不懂得如何照顾自己。结果在他们的眼中，什么事情都是很容易办到的。父母的溺爱已经把男孩变得跟大少爷一样，失去了自理的能力，也失去了对困难的预见能力。

因此，父母可以在平时的生活中让男孩体验失败的感觉，只有让男孩在失败中吸取经验教训，才能让男孩学会预见挫折，并学着战胜挫折。

(2) 明知孩子的选择会让他碰壁，也要尊重他

尊重孩子是父母教育男孩时时刻刻要注意的理念，男孩也是一个有独立思想的人。如果父母一味要求孩子按照自己指定的路线行走，那么孩子也不会领情。

而且，很多事情，不亲身体会是不会有那么深刻的印象的。很多时候，对于一些男孩，不让他亲自品尝一下失败的苦涩，他是不能真正成长起来的。因此，父母要尽量按照男孩的成长规律对他提出期望。

每个父母都希望男孩可以出类拔萃，但要根据男孩的心理和生理发展规律进行。如果不让他碰壁，那他又怎么能知道父母意见的正确性呢？

(3) 有意识地设置障碍，让孩子学会"跨栏"

如果男孩小时候的成长道路过于平坦顺畅，那么一旦遇到困难，他就会

不知所措。无论从心理上还是能力上都缺少面对困难的准备，从而走向失败。所以，家长在男孩成长的过程中，应有意识地设置障碍，让男孩适应在逆境中解决问题，这样在他们长大之后，再遇到困难就会有足够的心理准备和能力储备。

6.给男孩插上自信的翅膀，穿越重重挫折

父母要塑造男孩乐观的心态，就需要从男孩小时候开始。

艾永数学成绩很好，多次代表学校参加数学比赛，几乎每次都能获得名次，人人都说他是个天才。但最近一次的竞赛考试，因为题目非常难，艾永考得极差，因此显得有些闷闷不乐。

看到艾永这个样子，妈妈给他讲了一个故事："一天夜里，寺庙里的两块石头在小声交谈。铺在地上当台阶的一块石头向被雕成佛像的另一块石头抱怨说：咱俩从一座山来，瞧你现在多风光，每天都有那么多人跪在你脚下顶礼膜拜。我怎么那么倒霉，每天被人踩来踩去，又脏又累，石头和石头怎么那么大差距呢？那个被雕成佛像的石头笑了笑说：别忘了，在进这座庙之前，我可是挨过石匠成千上万刀呀！"

艾永是个聪明的孩子，略一思索，他就明白了妈妈的意思："妈妈我知道了，我会加油的！"

有些男孩在遇到哪怕是极其轻微的挫折时，也会把后果想得非常严重，从而沉浸于消极的情绪里自暴自弃、无法自拔。这样的孩子，自然不是父母想要的。那么，怎么才能让孩子摆脱这种不健康的心态呢？唯一的办法，就是培养孩子的自信心，让他学会为自己打气。

我们都知道，男孩身上存在着巨大的潜力，父母的鼓励、赞赏等刺激，都会提高男孩的积极性。父母如果善于引导男孩进行自我激励，在挫折面前给自己加油打气，那么男孩无论处于多么糟糕的境地，都会勇往直前，时刻让自己保持积极向上的姿态。父母要明白，很多男孩在面对挫折时之所以止步不前，不是缺少必备的知识和能力，往往是缺乏"加油"的勇气。

那么，父母该从哪些方面着手呢？

(1) 帮助男孩坚定信念

男孩做事情是否有坚定的信念，决定着男孩面对挫折的态度。如果男孩本身意志不坚定，一件事情做成了也行，做不成也行，做好做坏无所谓，那么他遇到了挫折就容易退缩，不愿全身心地去做，结果就有可能会半途而废。

因此，父母首先要告诉男孩，对要做的事情，不管困难有多大，都要想尽办法去克服，一种方法不行，就去尝试另一种，给自己加油打气，千万不要轻易放弃。

(2) 培养男孩的自信心

单纯的道理教育，很难打动孩子的心。所以，我们在对孩子进行讲道理的同时，还要通过其他手段——鼓励、赞扬，以此达到进一步培养男孩自信心的目的。

方圆从小胆小，比小姑娘还害羞，不像别的男孩有表现欲。如果别人看着他做点什么，他会手足无措，本来能做好的事情都会搞砸。妈妈通过观察，发现方圆很爱体育活动，于是就鼓励他参加校运动会的短跑比赛。

结果，方圆在短跑比赛中，竟然拿到了冠军！一下子，他的身边围满了许多同学。再加上父母的夸奖，方圆逐渐变得有自信了，也不那么害羞胆小了。遇到困难的时候，他会给自己打气："我能行，就像跑步一样，只要我努力，就能到达终点。"

男孩插上自信的翅膀，才会穿越重重挫折，飞得更高更远。所以，父母从小就要培养男孩的自信心，男孩只有对自己有信心，才会给自己加油打气，不断战胜困难。

(3) 让男孩学会积极地暗示自己

积极的心理暗示会增强男孩的自信心，父母不妨积极地采用。而心理暗示的载体，可以是生活中的任何一个小细节。比如很多男孩都有赖床的不良习惯，这时心理暗示的载体就可以是一个闹钟，一句自我督促。

马辉从小就很赖床，每天早上喊他起床成了妈妈的必修课。每次都是喊了很多遍，他才不情愿地磨蹭着起来，所以经常迟到。

接连几次被老师批评之后，马辉想早起了，但是他已经养成了赖床的习惯，怎么办呢？不得已，他只好求助妈妈。

妈妈听完马辉的苦恼，为他想出了一个好办法。于是，妈妈给马辉定下闹钟，并让他临睡觉前对自己念叨："我一定能按时起床，我能行！"就这样进行自我暗示，结果很神奇，现在的马辉只要闹钟一响就能够起来了，再也不用妈妈来催他了。

平时，父母可以有意识地让男孩进行积极的自我暗示。比如说："我能行"、"我一定圆满完成任务"、"我一定能完成作业"等，男孩在多次进行这样的心理暗示之后，他的行为就会趋向于积极的方向。

（4）塑造男孩乐观的心态

心态乐观的男孩会面带微笑地面对挫折，而不是哭哭啼啼地去逃避。为了解决问题，他会积极开动脑筋想办法，激发潜能去战胜挫折。所以，父母要塑造男孩乐观的心态，就需要从男孩小时候开始，从小对男孩进行正确的教育与训练。

比如父母让男孩体验到爱护、关心，给男孩讲一些积极向上的故事，鼓励和分享男孩的进步，等等，这些都有助于塑造男孩乐观的心态。

总而言之，在男孩遭遇挫折的时候，家长们要给他加油、打气，让男孩子拥有一个乐观的心态，遇到问题不会选择逃避，而是挺起胸膛接受挑战。那么，他自然不会成为那个扶不起的"阿斗"！

细节3 责任：如何教出远离庇护、勇于承担的男孩

一个男孩子，终会成长为一个顶天立地的男子汉，

终会肩负众多的责任。

父母要让男孩从小就学会把责任扛在肩上，

慢慢的养成承担责任的美德和习惯，

在生活中让他觉得自己是一个大人，

这样他才会慢慢地变得独立、自主、自强。

1. 从现在开始，不再做孩子的"闹钟"

所有的父母，一定要坚持住自己的底线，不要什么都替孩子做。

一次，爸爸妈妈带梓梓到舅舅家做客。吃饭的时候，梓梓的表弟把自己的卡通漂亮小碗让给了他，这让梓梓非常喜欢，端着小碗左看右看。这时，梓梓一不小心把碗掉到了地上，碗立刻摔得粉碎。表弟见此，顿时大哭了起来。

看到这种情况，妈妈刚想收拾残局，爸爸制止了她，并严肃地问梓梓："这只碗是谁打碎的啊？"

梓梓不好意思地说："是我。"

"每个人都要为自己的行为负责，这里的残局应该由谁来收拾呀？"

小家伙撅着嘴拿来工具，开始擦地。收拾得差不多了，爸爸又对梓梓说："你看弟弟还在为他的小碗哭呢，怎么办啊！"

小家伙过去跟表弟窃窃私语了一会儿，表弟破涕为笑了。妈妈很奇怪，就问梓梓："你跟弟弟说了什么呀？"

梓梓回答："我告诉弟弟，我也有个很漂亮的小碗，我可以赔给他。妈妈，你再给我买一个，我还给弟弟。"

"这怎么能行！你自己应该赔给弟弟，这个损失算你自己的，怎么能让妈妈再给你买呢？"

梓梓想了一会儿："我又没有钱买，要不，我帮妈妈到楼下打水，妈妈给我买碗好不好？"

妈妈微笑着接受了这个建议。

缺乏责任感，是很多孩子身上的通病。遇到问题等着父母解决的男孩子，在现实中有很多。

也许，孩子眼中的窘境，父母的确可以轻松解决。可是，一个总是衣来伸手、饭来张口的孩子，又如何奢求他们的责任感呢？一个小时候事事依靠别人的男孩，长大之后又如何能成为敢于担当的男子汉呢？一个连自己的衣食住行都要靠啃老来实现的男孩，又如何奢求他们去承担更大的社会责任呢？

所以，不要看到孩子遇到难题，我们就替他进行解决，包办他的责任。这么做，只能让他只知索取不知回报。从长远角度来看，这并不是爱孩子，而是在剥夺孩子建立责任感的机会，不利于孩子将来的发展。

也许有的家长会说，孩子太小，大人帮他多做点没什么。等他长大了，他的责任心就强了。其实，这是父母对孩子的一种不负责任——只有从小让孩子懂得承担责任，才能真正让孩子长成为顶天立地的栋梁之才。

不可否认的是，在孩子的心里，父母是他们的坚强后盾。遇到问题，孩子会自然而然地在父母那里寻求帮助、慰藉和庇护。此时，如果家长毫无原则地出手相助，替他们承担本应属于他们的责任，那么久而久之，推卸责任便会成为孩子的一种习惯。所有的父母，一定要坚持住自己的底线，不要什么都替孩子做。

让孩子学着承担自己的责任，父母可以从以下几个步骤进行：

(1) 从小培养男孩负责的习惯

小凡是当地有名的"神童",小小年纪就考上了一所非常有名的大学。正当人们都认为这个孩子前程远大的时候,仅仅一个学期,小凡就被学校劝退了。因为,小凡在学校里除了学习,什么都做不了,别说在宿舍打扫卫生,就连去食堂打饭都不知道怎么做。这个少年天才,完全就是一个生活低能儿。

原来,小时候,当小凡要求自己吃饭、穿鞋时,妈妈总是包办,不让他自己动手做一点儿事儿。当小凡稍大一些,完全可以自己整理书包,饭后收拾碗筷、扫地、擦地的时候,父母也都不让他动手,只让他埋头学习。结果,他自己什么都不会干,养成了甩手掌柜的毛病。

这时,父母才知道自己的教育是多么失败。

父母可以在家里养些花草,或者养只小动物,一般来讲,孩子是比较喜欢这些的。父母可以给孩子分配任务,比如让孩子定时给花草浇水,给小动物喂食,让孩子知道他的行为会影响花草和小动物的成长,如此渐渐地养成习惯,在潜移默化中让男孩明白:我对花草的生长有责任,我对小动物的成长有责任。这种用行为来规范的责任感的培养决不是靠唠叨的说教所能奏效的。让男孩从小就自己做事,这样有利于责任心的养成。

(2) 父母应该以身作则,为男孩做榜样

孩子总是喜欢模仿大人的行为,而那些本身对孩子、对家庭、对社会毫无责任感的父母,是根本不可能培养出具有责任心的孩子的。

从前,有一对不孝的夫妇,他们不想尽到赡养老人的责任,总是嫌老妈妈拖累他们。于是，他们总是让老人吃不饱，穿不暖。后来，这对夫妇变本加厉，他们用一辆独轮车去遗弃老人家，把老人家遗弃之后，夫妇回家商量，要把老人以前吃饭用的木碗丢掉。

没想到才三四岁的儿子说话了："不要丢掉呀，等你们老了，可以给你们用。"一句话惊醒了那时夫妇：自己现在对待老人的行为，会不会被儿子学了去，将来也这样对待自己呢？

夫妇俩认识到了这一点，就把老人接了回来，从此一家人幸福地生活在一起。

所以，父母在平时的生活中应该严以律己，给男孩做好表率，让男孩在潜移默化中具备责任心。

(3) 男孩自己能做的事情，不要让他依赖家长

很多事情，是男孩力所能及的，这时父母不要让他过于依赖自己，要让他明白自己的责任需要自己去扛。

涛涛是个让父母心焦的慢性子，每次上学，父母都要催促好几遍，而他依然不慌不忙。

这次，涛涛上学又迟到了，他不但不反思自己的行为，反而责怪妈妈："妈妈，都怪你，你怎么不早点叫我起床呢！"妈妈决心让他改掉这个毛病，于是告诉他："以后你自己定好闹钟，我再也不叫你了。迟到了是你自己的事情，老师批评你，同学笑话你可都是你自己造成的。"

开始，涛涛还不以为然，结果第二天故伎重演，又磨蹭开了。但是这次妈妈一点也没催促他，也没喊他起床。等到涛涛到了学校，果然被老师严厉地批评了一顿。

涛涛一看妈妈来真的了,只好严格要求自己,结果,很快改掉了磨蹭的坏习惯。

对孩子本来依靠自己能够做到、做好的事情,家长们不必插手,要让孩子自己产生责任意识。只有让他意识到没人可以依靠,他才会负责任地去做自己力所能及的事情。所以,从现在开始,爸爸妈妈不要再做孩子的"闹钟",让他自己上紧责任的发条吧!

2.为自己的过失埋单

> 男孩犯错,要帮助他们找到原因。

初二学生李雷骑自行车上学,看到有的同学的自行车比较高档,便产生了攀比心理,缠着妈妈给他买一辆。妈妈认为他的自行车没有坏,加上不想助长他的虚荣心,因此拒绝了他的要求。

李雷于是故意把自行车搞坏,想用这个办法迫使妈妈就范,结果被妈妈识破了。于是,妈妈告诉他,他必须为自己的过失负责,接受惩罚,步行一周去上学。

李雷的家比较远,于是他只好每天早起,跑步去上学。这时候,有人问他的妈妈为什么不用家里的汽车送他去上学,李雷的母亲坚决地说:"不,他应该对自己的行为负责!"

这样，李雷的坏毛病很快就被改了过来。

既然男孩做了错事，就应该让他自己承担后果，接受惩罚。只有这样，男孩才能懂得为自己的言行负责，增强自律和责任感。而父母也必须要让孩子知道，为自己的过失负责，是每一个男孩肩膀上的责任。

但是，生活中常常发生这样的事情：孩子上学丢三落四，比如忘记带作业本、课本的时候，父母宁可放下自己手头的工作也要赶着给他送过去；男孩跟同学闹了矛盾，而且是自己的错，父母宁愿自己登门道歉，也不愿让自己的孩子去承认错误。如此剥夺男孩履行责任的机会，这让他怎么可能在成年后成为一个顶天立地的"真汉子"？

当然，孩子的年龄还小，我们不可能让他独立承担责任。但是，责任意识必须要让他记在心里。如果男孩不能有这方面的认识，那么他们就会循环往复地走以前的老路，一而再、再而三地犯错。

以下几种方法，可以帮助孩子为自己的过失行为负责。

(1) 帮他分析主观和客观原因

有的男孩非常善于为自己的过失找借口，用那些客观原因说事，比如说自己起床晚了是因为妈妈没有及时叫自己等。这些男孩，从来不会从自己的身上找原因，而是喜欢从他人或者周围的环境等客观的因素上找原因，喜欢推卸责任或者找借口，不去反思自己。

面对这样的孩子，我们不要急着批评，应该帮助他分析主观和客观原因。我们要让他明白：客观要求，我们可以创造；而主观心态，就必须由你自己来建设。

艾博有丢三落四的毛病，每次上学不是忘了带铅笔，就是找不到橡皮，甚至有一次进了考场才发现文具盒不翼而飞，害得妈妈十万火急地给他送去。然而，他不但没能接受教训，还总是埋怨妈妈给他整理书包的时候不够仔细。

爸爸意识到，妻子和自己不能总是跟在他屁股后面做"救火队员"，于是想给艾博一个教训，让他有责任心一点。周末的时候，爸爸告诉艾博，全家要出去旅游，艾博很高兴。不过，爸爸有一个要求——自己准备好小背包，带全需要的东西。

结果，中午吃饭的时候，艾博发现自己忘了带水，于是他看着妈妈可怜巴巴地啃着干面包。妈妈心软了，但是爸爸说："这次不能说别人没提醒你吧，我专门给你列了个表，是你自己丢三落四的。以后别找其他原因，自己错了就得承担责任。"

这次生动的教育非常奏效，艾博从此逐渐改正了丢三落四的毛病。

男孩犯错的时候，父母要帮助他分析原因，找到过失的主观原因，让男孩意识到问题出在自己身上。这样，他才能正确认识自己，才能产生责任感。

(2) 让男孩体验过失的后果

在1920年的美国，有一个12岁的少年。有一次，他在院子里踢足球，把邻居家的玻璃踢碎了。邻居出来后，对这个半大小子说："我这块玻璃价值12.5美元，你打碎了就要赔偿。"

当时，12.5美元可以买125只鸡，这对一个只有12岁的孩子来说，无疑是一笔"巨款"。这个孩子没办法，就回家找爸爸求助。爸爸问他："玻璃是你踢碎的吗？"孩子说是。爸爸说："那你就赔吧，因为这是你的责任。没有钱，我可以借给你，但是一年后你要还我。"在接下来的一年里，这个孩子擦皮鞋、送报纸、打工挣钱，最后终于挣回了12.5美元还给了父亲。

这个孩子长大后成了美国的总统，他就是里根。在回忆这件往事时他说："通过自己的劳动来承担自己的过失，使我懂得了什么叫责任。"

父母为了培养男孩的责任感，可以有意识地让他体验一下过失产生的后果，让他体会到"切肤之痛"。比如说，男孩赖床，迟到了会受到老师的惩罚，父母可以只提醒他一次，不再催促，让他减少依赖思想；还有男孩出游的时候忘记带保暖衣物，让他挨会儿冻也是值得的，这样下次他能够吸取教训。只有当男孩切身体会到这些后果，他的责任感才会加强。

(3) 对男孩为过失负责的行为给予鼓励

有些父母脾气暴躁，在男孩承认错误的时候，会不分青红皂白一顿暴打或谩骂，这样会让男孩产生害怕的心理。他会想，我都承认错误了，还要受这么严厉的惩罚，太不划算了。这样，他会通过撒谎或者是找借口的方式来逃避责任。

谭登的爸爸刚给他买了一顶非常漂亮的帽子，谭登很高兴，戴着它蹦蹦跳跳地出去玩了。结果，几个小时之后，他哭丧着脸回来了，帽子也不见了。

爸爸很奇怪，问他帽子去哪里了。谭登怯生生地说："我刚才去游乐园，看到很多小朋友，跟他们玩了一会儿，结果回家的路上才发现帽子丢了。我错了，爸爸。"

爸爸生气地说："你这个孩子，怎么老是丢三落四的，以后再不给你买了！"

谭登撅着小嘴说:"早知道我就说让大风刮跑了,干吗说是自己丢的啊。"

爸爸听了一怔,是呀,儿子虽然丢了帽子,但是诚实地告诉了自己,也认识到了自己的错误,自己的态度怎么能这么恶劣呢?想到这里,爸爸说:"儿子,刚才是爸爸着急了,你能够认识到自己的错误,而且对爸爸不撒谎,是个男子汉!爸爸明天再带你去买一顶!"

"爸爸你真好!"谭登开心地跳了起来,"当然,我以后也会细心一点,不再出这种马虎事了!"

其实,男孩犯了错,父母要鼓励他勇敢站出来承担,只要他态度端正,有责任心,父母就可以减轻对他的处罚。因为只有这样,男孩才敢于承担责任。培养孩子责任感的方法还有很多,只要我们去发掘、去思考,那么他一定不会让你失望!

3.把责任交给孩子,把他当大人对待

只有将责任交给男孩,才能消除男孩的依赖心理。

东东的爸爸妈妈学历不高,加上这几年忙着生意,很多知识都忘记了。但是他们一心想让东东在学习上优秀一些,因此对待东东的学习很是认真。

东东的英语是弱项,刚上小学的时候,父母还能勉强辅导他。但是上

了初中之后，父母就有些力不从心了。有一次，东东问妈妈一个单词的用法，妈妈回答不出来，东东非常失望地埋怨："别人的爸爸妈妈都能帮得上忙，你们倒好，还不如我呢！你们以前为什么不好好学习呢？"

儿子的话，让妈妈哭笑不得。突然，妈妈意识到这是一个教育他的绝佳机遇，于是说："妈妈以前上学的时候，成绩很差，英语学得不好，所以不能辅导你。但是，学习是你自己的事情，你还得靠自己啊，要不你当妈妈的老师吧？"

"当妈妈的老师？"儿子不确信地看着妈妈说，"妈妈，你不是开玩笑吧？我自己还不会呢。"

妈妈一脸诚恳地说："你把老师教的内容都教给妈妈，好不好？"

就这样，东东做了妈妈的"老师"。自从有了这个"新职位"后，他意识到自己肩头的责任很重，必须好好学习，因此对英语下了更大的努力。结果一个学期之后，东东的英语已经是班上的中上等水平，比过去有了显著的提高。

老师都是大人当的，但是这位聪明的妈妈把这个神圣光荣的位置给了儿子。妈妈的目的不言而喻：只有将责任交给男孩，才能消除男孩的依赖心理，促使他自觉地学习，所以她的儿子能取得很大的进步。

但是在生活中，很多父母却做不到这一点。认为孩子小，不应该承担什么责任，即使男孩年龄已经比较大了，父母还是把他们当作婴儿呵护。比如，男孩对正在给自己洗衣服的妈妈说："我自己来吧。"但是妈妈说一边待着去，你能洗干净吗？看到爸爸在修理电器，儿子想打打下手，爸爸大手一挥，你的任务是学习，其他的不用管。其实，这些行为都不利于增强男孩的责任感，男孩要成长为有责任心的男子汉，就让他觉得自己是个"大人"。

父母不要因为孩子小，就怀疑他的做事能力，不让他承担相应的责任。

无论孩子的年龄多大，父母都应该让他做一些力所能及的事情，给他锻炼的机会，把他当大人。这样，小男孩才会变得独立、自主、自强。

具体来说，我们可以通过以下几种手段，让男孩把自己当成大人。

（1）扭转思维，把他当作大人看待

首先，父母必须要扭转过去的思维，不要总觉得孩子手无缚鸡之力。只有把男孩当作男子汉，孩子才会感受到被信任，觉得自己应该像大人那样承担责任，而不是躲在父母羽翼的庇护之下我行我素。

年仅7岁的潘岳上了小学之后如脱缰野马，认识了新的小伙伴，因此有了一种冲出牢笼的感觉，再不像幼儿园那会儿一样，总是被大人们所"监视"。

不过，新的问题又随之而来：现在的他，放学后把书包一扔就不见人影了。不用说，肯定是找那些小伙伴玩去了。怎么才能让他先把作业做完呢？父母不可能全天候地盯着他。

为了解决这个问题，爸爸想了个办法：跟潘岳签订一个"条约"。在这个条约里，爸爸完全把潘岳当成了一个有很强自制力的大人，最后，潘岳和爸爸都郑重其事地在条约上签了名。

妈妈对此嗤之以鼻，说奶奶整天看着都看不住，你一张纸能拴住这匹野马吗？

然而，令妈妈没想到的是，自从签订条约后，潘岳每天放学，第一件事就是打开书包做作业，不论是动画片还是小伙伴的召唤，都不能打动他了。原来，他已经把自己当成了一个真正的男子汉，他要对自己的承诺负责。

让男孩像大人那样，重视约定的约束性，是增强男孩责任心的有效方式。只有从小让男孩养成言必信、行必果的习惯，长大后他才会成为一诺千金的男子汉。

(2) 责任为先，不怕男孩"帮倒忙"

每个孩子在刚开始做事情的时候，都不会做得太好，有时候甚至会做得十分糟糕。但是，父母一定不要因为男孩的不成熟而剥夺了男孩尝试的机会。因为，在孩子成长的过程中，他只有亲自去经历和处理一些事情，才能更快地成长。

比如，一个男孩在学着帮助妈妈洗碗的时候，可能会因为不小心而打碎了碗，甚至会划破了手。遇到这种情况，父母如果暴躁地责备男孩，只会打击孩子的积极性，让他从此不愿动手，不愿主动承担责任。

所以，当男孩想帮助父母分担家务，或者尝试自己负责一件事情的时候，父母应该理解和支持。提醒他可能会遇到的困难，给出合理的建议，但是不要过多地插手干预，不要怕他"帮倒忙"，因为这正是鼓励他责任心的好时机。

(3) 尊重男孩，有事同他商量

家长在决定某些家庭事务，特别是牵涉到男孩自己的时候，更要多听听他自己的意见，这样既是对男孩的一种尊重，也能促使男孩对自己和家庭产生责任感。即使男孩的意见不被采纳，父母也要平心静气地向他解释，而不要粗暴地否决他。

作为父母应给予男孩足够的权力，允许他自己去尝试、去探索这个世界，在合理的范围内允许他像大人那样安排自己的事情。只有让孩子像大人那样承担自己的责任，长大后的他才不会表现得唯唯诺诺，才敢于迎接挑战。因此，把孩子当作大人对待吧！

4.不替孩子找借口，培养男子汉精神

借口，是男孩成长的天敌和绊脚石。

看着冬冬蹒跚学步的样子，妈妈非常开心，仿佛看到一个未来坚强的男子汉。

有一次，冬冬突然不小心跌倒了。妈妈心里很紧张，急忙用脚使劲跺着地板说："都是地板不平，让小宝宝摔倒了。"

还有一次，冬冬不小心撞到了桌子边，妈妈就使劲用手打桌角，说："都是桌子不好，把冬冬碰疼了。"

就这样，冬冬一受委屈，就眼泪汪汪地等着妈妈找出"替罪羊"来哄他。正因为如此，东东很长时间都没能学会走路。因为在他的眼里，世界上有那么多的"妖魔鬼怪"，阻拦着自己学走路！

而洋洋的妈妈不是这样，洋洋撞在桌子上，妈妈走过来说："洋洋，走路不要太快，要注意看着前面，来，再走一遍试试！"这次，洋洋顺利地从桌子旁边走过去了。以后再也没有碰到过。

走在路上，洋洋摔了一跤，躺在地上哭着不起来。妈妈走过去说："洋洋站起来！"

洋洋耍赖，想让妈妈抱。这时候，妈妈说道："你再不起来我就先走了，你是个男子汉！自己摔倒了就要自己爬起来，不然将来怎么保护妈妈呀？"

听了这话，洋洋乖乖地起来继续走。一跤又一跤后，洋洋终于学会了走路。看着洋洋快乐地飞奔，还在地上打滚的东东，不由哇哇大哭了起来。

冬冬的妈妈总是帮冬冬找借口，而洋洋的妈妈总是让洋洋学会自己负责。这两个孩子，将来谁会成为有责任心的男子汉，答案自然不言而喻。

其实不仅是男孩，即使很多成人，也会为自己的失败找借口，为自己开脱责任，如运气不好、健康状况差、家里没有资本等，仿佛问题都是别人的一样，自欺欺人。这样的人，是不可能赢得他人好感的，更不可能做出一番成就的。

既然如此，我们为何要帮着孩子找借口？也许这样做的目的，是出于你对孩子的爱。但是，长此以往，绝对不可能培养出一个身心健康、充满责任心的男子汉。责任心是孩子成长的动力，而借口，正是这种动力的天敌和绊脚石。

作为父母，就应该让孩子明白：找借口就是推卸自己的责任，是一种懦夫的行为。一旦找到借口，他便会失去动力、打退堂鼓，从而半途而废。因此，在对待孩子的教育上，父母绝不能为他找借口。否则，久而久之，他自己都把借口当真了。男孩一旦把逃避责任变成一种本能，再想改变就困难了。

所以说，如何克服男孩找借口的习惯，是父母必须认真对待和思考的问题。而以下的这几条建议，就可以让男孩子们摆脱找借口的坏毛病。

(1) 拆穿他的"谎言"

要想杜绝孩子找借口的行为，首先就要让他明白：你的借口就是谎言，是不值得相信的！比如，男孩想以生病为借口不去上学，家长就可以带着孩子去看医生。如果孩子没事，那么就可以拆穿他的谎言，让孩子找不到借口了。

当然，家长不要粗暴地批评孩子说谎不对，要找出厌学的真正原因，从而帮他渡过这一难关。例如，孩子不愿意上学是因为学校里有同学欺负他，这时候我们就应及时与老师进行沟通，化解同学之间的矛盾。否则，孩子会感到连父母也欺负自己，从而与父母之间产生隔阂。

(2) 明确他的责任

有的男孩，每当出现错误时，往往会把责任推在别人身上，或者找其他客观原因。比如，他们会说"没做完作业不是我的错，是明明约我出去玩耽误了"，或者"午饭是妈妈准备的，她忘了给我带水"，等等。总之，责任都是别人的，跟他没关系。

家长对待这样的借口，需明确地告诉他："做作业是你的责任，不要赖在别人身上，这又不是其他人的作业"，"带饭是你自己的事情，你应该检查好有没有带水"。

明确了男孩的责任，就像给他戴上了紧箍咒，想找借口就不灵了。

(3) 别替孩子找借口

父母的爱是无私的，有时候会为了博得孩子一笑，不惜替他找借口。这样做，男孩子的确可以露出笑容，可是责任感，却因此不能植入孩子的心中。

当孩子因为行为不对而受到老师或别人的训责时，有的父母总会出来护短："孩子还小，不懂事嘛，有什么问题跟我说吧。"孩子贪吃烫到了嘴，父母不是教育孩子应该等食物凉一点再吃，而是责怪自己不应该把东西烧得这么烫。总是寻找借口，借口能代替责任感吗？

家长替孩子找借口，只会让孩子学会逃避责任，学会找替罪羊。现实中很多男孩总是为自己的错误寻找各种合理的或者不合理的借口，其根源就来自这里。

(4) 鼓励孩子勇于承担责任

没有一个人天生就知道承担责任，孩子责任心的养成有个渐进的过程。作为父母，应从小开始培养，鼓励他承担自己的责任。假如孩子承认了错误，那么也要给孩子一个机会,让孩子认识到是自己的错,自己造成的后果就要自己承担责任。只有这样,才能培养出敢作敢为的男子汉,而这个男子汉也才能在日后成就大事。

5. 让孩子在"当家做主"中扛起责任大旗

父母要给孩子"当家做主"的权利。

8岁的元元只要是自己喜欢的东西,即使再贵都吵着让家长买,不给买就又哭又闹甚至打滚耍赖,一点都不懂得体会父母的艰辛。除了这些,元元还是个标准的"懒汉",典型的油瓶倒了不扶,对家庭没有丝毫的责任感。

看着这样的孩子,爸爸妈妈自然无比揪心。为了纠正孩子的这些毛病,妈妈听取了一个朋友的建议,让元元当一个月的家,体会一下父母的不容易。

元元掌握了家里的经济大权之后,非常高兴,开始的几天每天大手大脚,把家里的伙食搞得很好。结果才半个月,元元手里的钱就花得差不多了。接下来的半个月,爸爸妈妈陪着元元度过了一段艰难的时期,最终还是超支了。这下,元元体会到了父母的不容易,知道钱不是天上掉下来的了。

看到元元接受了教训,妈妈接过了经济大权,让元元做了家里的"卫生部长",负责家庭卫生。元元放了学就检查卫生,家里的各个角落都不放过:有没有没扔掉的垃圾,窗台上有没有灰尘,客厅里有没有果皮……

要是在平时，即使家里再脏再乱，元元也不肯动手收拾。但现在，谁让他是"卫生部长"呢，保持家里干净、整洁是他的职责。于是，家里的卫生他主动承担起来了。

想要培养男孩子的责任感，不是靠父母的两句话"说"出来的。最简单的捷径，就是要让孩子去尝试、去体会，从实践中感受到什么才是真正的责任。

为此，父母可以提供给男孩"当家做主"的机会。男孩都喜欢"当官"，喜欢充当大人的角色——有的男孩在出门时还喜欢当妈妈的"贴身保镖"，带妈妈过马路、帮妈妈拎东西；有的男孩则希望当一名"掌柜的"，在与维修工等人的交流中，掌握主动权……

既然如此，我们为何不能让他过一把家长瘾？比如，平时都是父母安排孩子的衣食住行，但在周末这一天，我们可以允许他"支配"家长一天。让他安排一下家庭活动，这样不仅可以增强孩子的责任感，还能增进亲子关系。平时，家长还可以让孩子做一些力所能及的家务，例如做晚饭、搞家庭卫生等，这些，都是培养孩子责任感的好办法。

家庭是男孩的第一所学校，父母则是他们的第一任老师，对于男孩责任心的教育，父母责无旁贷。有责任心才能够担负起家庭的责任、社会的重任，从而成为国家的栋梁之才。所以，从小就让孩子通过"当家"来体验肩负的责任，这是一个行之有效的办法。

而在让孩子"当家做主"的过程中，以下几点则是更为重要的。

（1）合理分工，让孩子明白他是家庭的一员

想要给予孩子"当家做主"的权利，父母首先就要让男孩明白：他也是

家庭中重要的一员，要承担相应的家庭责任。否则，他只会感到这是父母安排的任务罢了，不仅不会欣然接受，反而还会产生排斥情绪。

谭阳的爸爸妈妈决定全家人一起搞一次大扫除。看到爸爸在庭院里忙着修剪花枝，谭阳也跃跃欲试，结果爸爸说：“小孩子哪能干得了这个，一边玩去吧。”

谭阳又兴冲冲地跑到正在擦玻璃的妈妈那里说："妈妈，我跟你一起擦玻璃吧。""你个子这么小，怎么擦得到呀。"妈妈头也不抬地拒绝了他。谭阳像泄了气的皮球一样坐在了沙发上。

妈妈转念一想，这不是打击了孩子的积极性吗？于是，妈妈说："阳阳，你能帮妈妈把抹布洗一洗吗？"谭阳高兴地接受了这项任务。

晚上的时候，爸爸夸奖了谭阳："不错呀，阳阳长大了，知道帮助妈妈干活了。"阳阳开心地笑了："以后有家务我还要干！"

实际上，男孩的责任感很多时候都是在家庭生活中慢慢形成的。为此，父母要把孩子看作平等的家庭成员，在集体活动的时候把一些简单的家务作为任务分配给他们，渐渐让他们意识到，自己是家庭的一分子，要承担相应的责任。这样，不仅有利于孩子动手能力的培养，更有利于他作为家庭成员身份的认同，和对家庭责任心的养成。

(2) 重大问题的定夺，不要将孩子排除在外

父母不要以为，只有小事孩子才有决策权。其实，事情越大，孩子越应有权利表达内心。例如要为孩子聘请家教或保姆，这就相当于为家庭引入新的家庭成员，而且这两者与孩子的关系密切，如果聘用期较长，他们对孩子的学习、生活、心理的影响也较大。

所以，如果父母有聘请家教的想法时，一定要提前告知孩子，使孩子心理上有所准备，并在一定程度上征求孩子的意见。甚至，父母还可以让孩子自行选择，然后在一旁为孩子把把关。

倘若父母总是擅自作决定，在孩子毫不知情的情况下聘来保姆或家庭教师，孩子反而会无所适从，曲解了父母的一番好意。更严重的是，孩子会感到自己并不受尊重，自己只不过是父母的"宠物"罢了。既然如此，他又怎么会产生对家庭的责任感！

(3) 让孩子做一回"财政部长"

很多家长由于太过疼爱孩子，结果使孩子对金钱没有概念，要什么给什么，应有尽有地满足孩子的各种物质要求。这样不利于孩子的金钱观的养成，也不利于孩子责任感的培养。

父母可以在某一时间段，比如一个月或者一周甚至是一天的时间，让孩子做一下"财政部长"支配一下家庭的经济，让他负责一家人的衣食住行，安排一家人的娱乐、劳动，等等，让孩子体验一下家长的责任。

与此同时，父母还可以将自己每个月的总收入是多少，必须存多少，以后有什么用处，每个月最多支出多少等情况告诉孩子。让孩子对家庭的收支情况有基本了解，使得孩子懂得家庭的正常收支情况，从而不把父母当成自动提款机。只有这样，他才会明白金钱的使用是需要规划的，进而可以主动限制自己的行为，提高责任感。

父母要培养儿子成为合格的男子汉，就要让儿子担负起责任来。责任心是帮助男孩成长的催化剂，男孩只有从小懂得为家庭负责，为自己负责，长大后才能承担起更多的责任。如此，男孩才能成长为一个成熟的、有责任感的男人！

细节 4 | 独立：如何教出自立自强、自力更生的男孩

凡事依赖父母的男孩，就会缺乏动手能力。
要培养他的自理能力，就要让他学会
摆脱父母的依赖，从力所能及的小事开始。
随着年龄的增长，男孩会慢慢摆脱对
父母的依赖，迅速地成长起来，
拥有乘风破浪、搏击长空的能力。

1. 锻炼动手能力，摆脱依赖大人的习惯

男孩要摆脱娇生惯养的习惯，做事才能得心应手。

在一次野营训练中，老师发给每个孩子一个鸡蛋，但是却有个孩子没有吃。老师感到奇怪，满脸疑惑地问他："孩子，你怎么不吃鸡蛋呢？是不是不舒服啊？"

这个孩子的回答让老师大吃一惊："老师，你还没有给我剥掉鸡蛋壳呢。我自己不会剥，这样怎么吃呀！"

原来，男孩的父母一直把鸡蛋剥了壳才给他吃。一个快10岁的孩子，竟然连鸡蛋壳都不会剥，他的自理能力也实在太差了。这位老师对此感到疑惑，孩子的父母难道事事都要替孩子做好吗？

在生活中，我们会发现，同样是男孩子，有的处处依赖父母，自己很多事情都不会做，而有的男孩则做什么都得心应手，像个"小大人"。即使父母不在身边，也能很好地照顾自己，让爸爸妈妈非常省心。

虽然，不会剥鸡蛋的孩子非常少见，但缺乏生活自理能力的孩子却很常见。有些父母舍不得让孩子自己动手做一点儿事情，在孩子小的时候为他们洗脸、穿衣服，到了上学的年龄则上学送、放学接，甚至还替他们写作业、收拾书包。这些未来的男子汉们到了二三年级后，甚至连书包都不懂得整理。

到了十几岁时，他们依旧需要父母帮着铺床、叠被子、放洗澡水，连吃一个桃子都不会自己洗……

这样的男孩，他们将来又如何经历风雨、立身处世呢？

古人云："一屋不扫，何以扫天下？"父母将孩子该做的事情全部包办，不让孩子养成良好的生活自理能力，那么总有一天，孩子会因为离开父母的照料而手足无措，无法接受真实的生活。试想，假如男孩们穿衣服要大人帮忙，房间要父母整理，甚至鞋带开了都不知道如何系上，那么他们在以后怎么独立面对人生的种种挑战？因此，不是所有的事情，父母都可以代劳的！

家长们望子成龙的心情是可以理解的，因此，教会男孩独立自主是义不容辞的责任。就像教育家陶行知老先生的那首诗："滴自己的血，流自己的汗，自己的事情自己干；靠天靠地靠老子，不算是好汉。"所以，无论我们如何爱孩子，让孩子拥有生活自理能力，这是家庭教育的必修课。只有让孩子从小学会在日常生活中照料自己，做些力所能及的事，才能培养出他的自理能力，使他不至于长大以后患上事事依靠"保姆"的"富贵"病。

那么，如何培养孩子自己的事情自己做的好习惯呢？

(1) 培养孩子自己动手的兴趣，鼓励男孩动手

父母对孩子不要溺爱包办，要引导孩子对劳动产生兴趣，鼓励他们亲手去做。例如，孩子都喜欢听故事，而通过那种积极向上的故事，他们自然会产生自我劳动的意识。

小明3岁的时候，爸爸妈妈要求他自己吃饭，他却总是撒娇让妈妈喂。于是，妈妈给小明讲了《鲁滨孙漂流记》的故事。

小明被这个故事完全吸引住了，不断问着妈妈故事中的细节。妈妈看到小明有了兴趣，就问他："鲁滨孙在小岛上，没有储备粮食，也没有生

活用品，也没有人帮助他，那么他是怎么能生存下去的呢？"

小明兴致勃勃地回答："他会打猎，会驯养禽兽，种植农作物，还自己做衣服、自己治病。"

"对了，鲁滨孙会做很多事情，所以他一个人在小岛上也能生活，将来小明也要成为一个像鲁滨孙那样什么都会的男子汉对不对？"妈妈循循善诱。

"对。"小明回答。

"那我们就从自己吃饭开始好不好？"

"好。"小明开心地自己端起了饭碗。

那么，该教孩子一些什么事情呢？父母可以教他如何使用一些家用电器，像饮水机、电饭锅、冰箱和洗衣机等。妈妈还可以在做饭的时候请男孩打打下手，教他使用各种厨具。而平时如果家里的东西出了小毛病，父母可以鼓励男孩大胆尝试，协助男孩修理好。

(2) 可以循序渐进地一点一点提出要求

父母要根据孩子生理发展特点，逐步提出要求，从易到难，从简到繁，培养孩子自己动手的习惯。在孩子还小的时候，父母们可以逐步地指导孩子做一些力所能及的事情，以培养孩子的自理能力。比如，从要求孩子自己洗脸、洗手、吃饭、刷牙开始，让孩子逐步学习穿脱衣服、鞋袜、叠被子、整理床铺以及一些简单的家务劳动，如扫地、浇花等。

(3) 耐心地教会孩子基本的生活技能

在日常生活中，父母可以教男孩认识和使用各种工具。比如，父母在使用锤子、螺丝刀、钳子等工具时，应该向男孩介绍这些工具的名称、用途、性能及安全使用的方法，并鼓励男孩亲自动手试一试。如此，孩子自然就明白这些工具如何使用，再碰到修理任务时就会主动"请缨"。

再比如，吃饭的时候要教孩子正确拿筷子的方法、用勺子的技巧等。同时，要注意为孩子创造合理的条件，比如让孩子用小碗吃饭，用小毛巾擦手等。而在看到孩子吃饭太慢或弄脏衣服时，不要急于去喂他，要指导他自己动手，哪怕开始的时候孩子做得并不好，也要保持耐心。

（4）要持之以恒，反复训练

对孩子做得好的，要及时给予表扬鼓励，维持孩子的热情。这样可以使孩子的生活自理能力不断巩固，从而养成自己动手的习惯。

6岁的皓伟由于娇生惯养，连衣服都不会穿。为此，老师专门跟皓伟的父母做了一番沟通，让皓伟的父母逐渐让他学着穿衣服、收拾自己的屋子和书桌、擦地板，等等。

一开始，皓伟对这些非常排斥，但因为父母要求不能逃避。因此，他也只得自己去尝试。而父母每当看到他有了一点进步时，就会第一时间送上鼓励："小伟真不错，希望你能再接再厉！"

父母的赞扬和鼓励，让皓伟感受到了什么叫作"成就感"，从而渐渐体会到了劳动的乐趣。从这以后，皓伟逐渐养成了自己的事情自己做的习惯，并且还将这个习惯带到了学校之中。为此，他得到了老师的表扬，从此自力更生的热情更高了！

让男孩从小锻炼自己动手的能力，那么，随着他年龄的增长，对家长的依赖程度就会越来越低，自己能独自处理的事情相应就会越来越多。如此，他在离开父母后就什么都不用发愁了。所以，孩子只有早日摆脱依赖大人的习惯，才能迅速成长起来。

2.给孩子独立尝试的机会

男孩有好奇心，就要让他去尝试。

有一天家里停电，爸爸点起了蜡烛。小峰还是第一次看见这种跳跃的火苗，感到非常好奇，一心想要摸摸。妈妈怕烧伤了小峰的小手，拉着他远离蜡烛，没想到小峰不乐意，张开嘴哭了起来。

爸爸说："让他摸摸试试吧，不然他不知道不能玩火。"

"烧伤了怎么办？"妈妈说。

"没事的，感觉到疼他还会一直抓着火不放吗？"果然，小峰的小手还没接触到火苗，刚感觉到热就飞快地缩了回去。

后来小峰长大一点了，爸爸妈妈带他到野外郊游。小峰看到那些红花绿树和飞来飞去的蝴蝶，开心极了。这时，小峰发现一只在花蕊中辛勤忙碌的小蜜蜂，就想伸手去捉。妈妈发现后，立即制止了他。不料，他竟然哭闹起来。

这时候，"狠心"的爸爸说："让他受一次教训也好。"

果然，小峰被蜇得哇哇大叫。爸爸告诉他，这些辛勤酿蜜的小蜜蜂，在蜇了他之后，很快就会死掉。

小峰停止了哭闹，后悔地说："爸爸，我错了，是我害了小蜜蜂。以后，我再也不任性了！"

对于好奇心重的男孩来讲，很多事情如果不亲自去试一下，他是不知道应该怎样去做的。男孩在慢慢长大的过程中，会逐渐接触到越来越多、越来越复杂的事情，因此让他独立尝试一些事情，是非常有必要的。

虽然，男孩的尝试可能会造成一些小麻烦，但父母不要因此就将他的事都揽过来。可以给他一些建议或意见，把自己的经验教训给他当作参考，做好他的后盾。只有这样，他才能明白生活的真谛，而这绝不是父母频繁的"理论教育"可以实现的。

然而，有的父母却做不到这一点。这些父母总觉得：孩子的成长道路能够一帆风顺，能够少走些弯路，这才是最重要的！因此，孩子每做一件事情，他们恨不得亲自上阵，让孩子坐享其成。其实，家长如果迟迟不放手，总是牵着男孩走，甚至是抱着他走，那么他肯定无法自立于天地之间。

所以，父母尝试着去改变吧。你只要能做到以下几点，那么孩子学会用自己的双脚走路就不是难事。

（1）要男孩学会走路，就不要怕他"跌倒"

尽管父母都希望自己的儿子做任何事情都一帆风顺，但这却是不现实的。而且，过于顺利的人生容易使男孩得意忘形甚至自负，这些都不利于男孩的成长。

不过，也有很多家长在男孩蹒跚学步的时候，就懂得放手，让男孩自己迈动双腿。在男孩学步的时候，难免会跌倒，有时候还会摔得鼻青脸肿。但是，男孩学会行走的喜悦是无可替代的，这是他成长史上的里程碑。因此，作为家长的我们千万不要以爱的名义剥夺了男孩"跌倒"的权利。

（2）鼓励男孩去体验

有时候，男孩子遇到事情会犹豫不决。在这种情况下，父母可以鼓励他大胆尝试，对他说："孩子别怕，失败了也是一种收获！"这样，他自然就有了挑战的勇气。

有一天，老马对小马说："你已经长大了，能帮妈妈把这半袋麦子驮到磨坊去吗？"小马很乐意地答应了。

小马驮起口袋往磨坊跑去，半路上，一条小河挡住了去路。小马不知道自己能不能过去。他向四周望望，看见一头老牛在河边吃草，于是问道："牛伯伯，这条河我能过去吗？"老牛说："水很浅，刚没小腿，能过去。"

小马听了老牛的话，准备蹚过去。这时，从树上跳下一只松鼠，拦住他大叫："小马！别过河，别过河，河水会淹死你的！"

小马吃惊地问："水很深吗？"

松鼠认真地说："当然啦！昨天，我的一个伙伴就掉在这条河里淹死了！"小马连忙收住脚步，不知道怎么办好。

于是，小马跑回到家里问妈妈。妈妈当然知道那条河是不会淹死他的，于是告诉他："孩子，光听别人说，自己不动脑筋，不去试试，是不行的。你去试一试，就会明白了。"

小马跑到河边，试着向前蹚……原来河水既不像老牛说的那样浅，也不像松鼠说的那样深。之后，它顺利地过了河，把麦子送到了磨坊。

有些男孩子，不正如小马一样吗？在遇到某些事情时，他们会因为外界的干扰而变得犹豫不决。而这个时候，我们就一定要送上鼓励，让他鼓起勇气去探索未知。只有如此，他才能在未来的生活中敢于尝试、敢于挑战，而不是畏首畏尾地等待别人的帮忙！

(3) 让男孩学会果断地作决定

很多男孩子的身上，都有这样一种毛病：渴望去尝试，但因为种种原因，却又迟迟下不了决心。久而久之，男孩子就会被幻想中的困难击溃，变得越来越不敢尝试。因此，当孩子向父母求助时，父母不要敷衍了事，说一句："你自己考虑吧！"父母应当送上最坚定的鼓励，让孩子可以果断地作出决定。

学校组织野外体验生活，学生可以自愿报名参加。袁永一开始还兴致勃勃，不过一想自己以前从来没有参加过这样的活动，不由得打起了退堂鼓。"要是在外面受伤了怎么办，那个地方离医院很远的。""要是遇到下大雨怎么办？"于是，原来信心十足的袁永开始拿不定主意了。他开始一遍又一遍地问妈妈："妈妈，你说我到底还去不去参加这次野外体验活动呢？"

妈妈被袁永愁眉苦脸的样子逗笑了，鼓励他说："为什么不去呢？既然别的同学都没有问题，你也没事的，再说你们不是还有老师和队医跟着吗？既然你想去，那就去体验一下吧，不然你永远不知道这次活动是什么样子的。"

在妈妈的鼓励下，袁永果断地参加了这次活动。最后，他不仅没出什么意外，还收获了不少知识。从这以后，再遇到类似的活动时，袁永再也不会唯唯诺诺地不敢作决定了。

有些男孩独立性较差，在决定做一件事之前，往往非常犹豫。这时候，父母可以在男孩作决定之前，给他一些建议，客观地分析事情的利弊。比如，一件事情有两个选项，如果但孩子在这两个选项之间难以取舍，父母可以建议孩子把这两个选项的利弊写下来，通过比较权衡来判断。而男孩在作决定的过程也是一个整理思路、培养决断力的过程，这对男孩的成长很有帮助。

男孩的一生就像一场马拉松长跑，这场长途比赛不论他是赢还是输，都需要他自己一步步去丈量，家长可以在旁边为他呐喊加油，可以提醒他注意脚下不要摔倒，甚至可以陪他一起跑，给他最坚定的鼓励和支持，但是，需要知道，漫漫征途，终究还是属于男孩自己的！

3. 不要"霸权主义"，让孩子自己选择

你只需要帮助他把握好人生的方向，让他昂首前行即可。

中学三年级时，戴尔开始迷上了电脑，他喜欢把他那台电脑拆散，又重新装上。除了拆卸电脑、研究电脑，他还喜欢经商，16岁的时候就通过给休斯敦《邮报》拉订户赚来一笔钱，并买了一辆宝马汽车。

当时进入大学后的学生们，大都选择了埋头苦读。而戴尔没有局限在学业上，他开始在电脑领域展现出了过人的经商头脑。

他从当地的电脑零售商那里低价买来一些积压过时的IBM的PC电脑，做起了二手商。针对传统销售组织的不足之处，戴尔开始自己的事业：成立了第一家根据顾客个人需求组装电脑的公司，把电脑直接销售到使用者手上，去除零售商的利润剥削，把这些省下来的钱回馈给消费者。

不到一年的时间，戴尔在组装、升级电脑方面已是名声远扬，并屡屡获得合约，于是，他打算退学创业。这个选择在很多人眼里看来是不可思议的，放着有前途的学业不要，跑去做电脑生意？

在预料之中，戴尔的选择遭到了父母的坚决反对，他们对戴尔的"不务正业"深恶痛绝。无奈之下，戴尔只好提出了一个折衷的方案：让他试着干上一个夏天，如果业绩不好的话，他就继续上学，按照父母的意愿去做一个医生。如果他的业绩出色，就可以按照自己的选择走下去。

结果，戴尔赢了，父母把选择的权利还给了他。到今天，戴尔公司已经成为IT行业里的巨头，而戴尔本人，成了无数年轻人眼中的一个传奇人物。

给男孩选择的权利说起来容易，但真正能做到这一点的父母却少之又少。对于小事，也许还好点。例如吃苹果还是香蕉，父母都会让孩子自己选择。但是对孩子影响较大的选择，父母可能会"寸土必争"，毫不让步。

比如，有些男孩明明喜欢踢足球，家长却非要让他去学钢琴；明明喜欢音乐，却逼着他在画板前坐下。参加什么培训班，发展什么特长，学习什么专业，都被父母安排得稳稳当当。也许，父母会为此深感自豪，但男孩却失去了发展和完善自己、为成为独立的自己付出努力的机会。

不可否认，父母的出发点是好的，可是父母是否考虑过孩子的情绪？"兴趣是最好的老师"，逼着他去学没有兴趣的项目，他有可能取得成功吗？更甚者，孩子还会因为自己的权利被剥夺，反而"憎恨"起父母的霸道！

其实，父母如果希望孩子的未来拥有一个可以展翅翱翔的广阔天空，那么在家庭教育中就要给男孩选择的权利，让男孩早日学会独立，拥有自由选择的空间。

也许有的家长会说，男孩没经验，性格又冲动。他自己如果选择错了，那不是"一失足成千古恨"吗？的确，男孩选择的结果不一定是最佳的，但毕竟是他自己的选择。父母只要在支持的基础上帮助男孩把握好人生的方向，让男孩在自己选择的道路上昂首前行即可。

那么，父母应当如何去做呢？

(1) 多问男孩"你觉得应该怎么办"

当有选择的机会时，父母可以引导孩子作出决定，问他"你觉得应该怎么办"。在这个过程中，孩子的思维能力得到锻炼，从而可以明白自己该作出怎样的选择。

林林小时候对妈妈格外依赖，如果妈妈不把第二天要穿的衣服为他准备好，就不知道该穿什么。妈妈很快就意识到了自己这种做法不好，不再为林林准备好一切，而是凡事都征求孩子的意见。

例如，每天晚上睡觉前，她都这样问林林："儿子，明天想穿哪套衣服？"如果林林不知道怎么选择，妈妈就会这样提醒他："天气预报说明天要降温，穿哪件比较保暖呢？"

经过这样的一段训练后，如今的林林再不用妈妈为自己准备衣服了。他可以通过电视和报纸上的天气预报，对第二天穿什么衣服作出决定。不仅是穿衣服、吃什么饭、先写什么作业，他都可以独立去完成，而不是总依赖着妈妈。

父母可以在一些家庭事务上给男孩提供选择的机会，比如给孩子买东西时，在预算的范围之内可以让他选择品牌，等等。这样，他的判断能力就会得到提升，而不是遇到什么问题就"两眼一抹黑"，等着爸爸妈妈来决定。

(2) 不要对男孩管得过细

有些父母总是认为自己的孩子还小，根本不懂得怎样选择，因此事事为孩子做主，小到穿衣、戴帽，大到学校、课程，剥夺了男孩的选择权。

这样的父母，显然不是成功的父母。父母不应该把孩子当成是自己的复制品，需知孩子是一个独立的人，不是附属品。要从小尊重男孩，给男孩自己选择的权利，切不可包办男孩的一切事务。男孩的路需要靠他自己去走，父母不可能伴随男孩一辈子，因此应该给男孩自由发展和选择的空间。而如果对男孩管得过细，则会把男孩束缚住，就像笼子里的小鸟一样，失去了搏击天空的能力。

(3) 为男孩的选择预测后果

孩子的年龄尚小，认知能力有所欠缺，因此当孩子作出选择时，父母还应当帮助他预测后果。例如，当男孩选择放弃学业去搞乐队的时候，父母要告诉他这条道路的艰辛和不可预测性，用实际的事例和数据告诉他成功的渺茫，让他明白失败的后果很严重。这样一来，孩子的大局统筹观就会得到锻炼，将来再作选择时，就会考虑得更加全面，而不是盲目作出决定。

而对于那些即使失败了后果也不严重的选择，父母则可以放心大胆地让他去尝试。因为对这些正在成长的孩子来说，他们有资本去失败，而这些失败也有助于他们更正确地认识自己，有助于以后的选择。所以，对于孩子的选择，父母还是提供建议就好，不要太过"霸权主义"。要知道，只有敢于自己选择的男孩子，才能扬起人生的风帆，也才能挺起胸膛迎接风暴的挑战！

4.让孩子的大脑动起来，学会独立思考

父母需要在男孩小的时候，就注意培养男孩独立思考的能力。

五年级的衍兵是个懂事的孩子，可是他的学习却一直让妈妈十分头疼。为此从小学二年级开始，父母总会有一个人陪在他身边，随时准备给他解决问题。

就这样，衍兵养成了不爱动脑的习惯，学过的知识常常记不住，因此学习成绩总提高不上去。并且，他在写作业的时候，还喜欢一边玩一边写，根本不能静下心来。

最让妈妈恼火的是，衍兵还屡教不改，给他纠正过的错误，他下次还犯。为了衍兵的学业，妈妈可以说操碎了心，从检查作业到每天的复习，从纠错到督促。不管是语文、数学、还是外语，门门如此。尽管这样，衍兵的成绩仍然是全班倒数。

看着孩子的成绩，妈妈特别生气。自己付出这么多辛苦，却看不到一点效果，因此自然把火气全撒到衍兵身上，整天逼着他学习。对于衍兵想要玩耍、休息的要求，妈妈一概不答应，可是效果依然很差。有时候，妈妈甚至怀疑，衍兵的智力是不是有问题。

从上面的这个事例可以看出，父母非常辛苦，爱孩子的心一览无余。

但是，为什么孩子始终没有任何进步呢？这里的关键就在于：孩子没有独立思考的机会，在孩子的眼里，学习是为了父母，所以解决问题自然要依赖父母！

这样的父母，现实中还有更多。这些父母对于孩子的学习煞费苦心，但却没有给孩子自由的成长空间，这造成了孩子对学习欠缺主动性。另外，这种做法还导致了孩子在学习上对父母强烈的依赖。他在学习上遇到困难时，得借助家长的帮助，而不是通过自己的独立思考。

严格来讲，这是一种懒惰的行为，其结果就是男孩子对父母越是依赖，他的独立思考能力就越差。而能否独立思考，这直接决定着一个人智力的高低，影响着一个人能否成功。

一般来说，善于独立思考的男孩动手能力和思维能力都很强，能够自己解决很多问题，成长的速度比较快。因此，父母需要在男孩小的时候，就注意培养男孩独立思考的能力。

(1) 培养男孩自己寻找答案的兴趣

兴趣是最好的老师，如果男孩能够自己对一个问题寻根问底，那么他离独立思考也就不远了。

对于比较小的孩子来说，由于认知水平的限制，他们对于抽象的理论不易理解。因此，说教方式不妥，父母需创造动脑筋的环境。比如搞一场家庭数学游戏、有奖猜谜活动、进行智力游戏，等等，从而引起孩子探知的兴趣。

有一次，毛毛指着花盆上的一条毛毛虫问妈妈："妈妈，这是什么呀？"

"毛毛虫呀。"

"哦,毛毛虫怎么这么丑呀?"

"现在它虽然丑,但是当它变成蝴蝶就会漂亮了。"

"毛毛虫能变蝴蝶吗?"毛毛似乎不相信。

妈妈说:"妈妈也不清楚,你能把答案告诉妈妈吗?我记得你的小画册里面有的。"

带着兴趣,毛毛找来了妈妈给他买的科学知识小画册,认真地翻阅了起来。最终,他找到了答案。从此,当他看到七星瓢虫、小蚂蚱时,也都会思考,通过各种知识图书,来解答内心的疑惑。

培养孩子寻找答案的兴趣是让他学会独立思考的第一步,孩子若对某件事有浓厚的兴趣,就会集中思想和注意力,想方设法克服种种困难来达到自己的目的。只有激发孩子的兴趣和好奇心,他才有思考的动力。

(2)让孩子尝到独立思考的甜头

男孩通过独立思考解决了疑难问题,这种成功的体验,是任何物质奖励都无法代替的。所以,父母应当引导男孩尝到这种"甜头",这样他自然愿意进行独立思考。

张斌从小就喜欢动脑,善于思考。有一次,爸爸准备用水管给院子里的花草浇水。但是两个塑料管的口径一样大,爸爸费了好大力气也没接上。

这时候,正在院子玩耍的张斌看见了。他想了一会儿,给爸爸出了一个主意:找一段细一点的铁管,在两端分别套上塑料管。

爸爸拍了一下脑袋,说道:"我怎么就没想到呢,儿子你真够聪明的!"

爸爸的赞扬,自然让张斌无比兴奋。从这以后,只要家里出了什么小问题,他都会开动自己的小脑筋。因为,那种父母赞扬的成就感,真的是一种美妙的感觉!

再比如,在孩子学习英语的时候,遇到一个不太懂的句子,孩子可能为了图省事,来问家长。这时候家长可以假装不会,用请教的语气问孩子:"这个句子我也不懂,你自己找资料看一看。对了,等搞懂后一定要告诉我,让我也学习一下。"如此,孩子就会容易被激起好胜心,而当他通过独立思考解决了这个问题之后,他便会觉得很有成就感。在尝到独立思考的甜头之后,男孩就会进入学习的良性循环。

(3) 启发男孩进行思考

有些男孩比较被动,不喜欢思考,老师和父母怎么安排他就怎么做,就像陀螺一样,不拨就不转。面对这样的孩子,我们先别急着训斥,而是应当通过合理的手段,启发孩子进行独立思考。

梁振是一个不爱动脑子的孩子,从来不知道该做什么,在学习上遇到困难从不想着自己去解决,而是等着老师传授答案。哪怕是那些稍微一想就能得出答案的问题,他也总是被动等待。

父母看在眼里,急在心上。后来父母开始试着引导梁振自己动脑,让他主动查阅资料去找答案。并且经常提出一些问题,启发儿子思考。有一次,梁振遇到了一个方程式的问题,又去请教爸爸。爸爸对他说:"儿子,打个比方来说。咱们家有三口人,已经知道了两个是爸爸妈妈,还有一个是未知数,那这个未知数是谁呢?"

爸爸的话,让梁振静下心来,开始进行思考。很快他就反应过来了:"那个未知数就是我啊!""对呀,方程式里面的未知数也是这样解决。你把已经知道的都找出来,剩下的不就是那个未知数吗?"

就这样，时间一长，梁振仿佛开了窍一样，喜欢上了思考问题，为此他成绩进步了很多。

平时父母可以提出一些有启发性的问题，让男孩思考，并给予其奖励。例如，水为什么总往下流？天空为什么是蓝色的？当孩子通过思考和查阅得出了结论，那么我们就可以对其进行奖励，以此巩固这种良好的习惯。

在此基础上，父母还可以引导男孩自己发现问题、提出问题、解决问题，这样时间一长，男孩的思维能力就会得到显著提升。

(4) 培养男孩的发散思维

平时生活中遇到什么事情，父母要鼓励男孩提出不同的见解，从易到难，循序渐进地培养孩子动脑筋的兴趣。父母要教他从各个角度去考虑问题，用不同的方法去解决问题。同时，父母不要急于求成，而要根据自己孩子的实际情况，从最直接、最容易思考的问题入手。

当然，培养男孩的思维能力，这样的机会无处不在：走在大街上，可以让孩子比较一下两种树木之间的异同，让他去思考这两种到底是什么树；在家里，可以让他去打扫卫生，让他从实践中明白，为什么要先扫地再拖地……从小事开始，然后逐渐加大难度，那么，一个热爱思考、善于思考的独立小男孩自然会站在你的面前！

5.给男孩犯错的机会，有错误才有成长

犯错对于孩子来说，是成长的助推器。

胡庆宇平时学习还过得去，但是这次考试发挥得不好，英语成绩在班里排到了中下。班主任老师非常生气，严厉地批评了他。没想到他一时冲动，竟然跟老师大吵起来。事后，他想到自己成绩不好，又跟老师吵了架，心情非常沮丧，甚至想到了退学。

在想了一个多星期后，他找到了爸爸，说出了自己的想法，并一再向爸爸认错，认为自己辜负家人的期望。然而，爸爸并没有责怪他，只是用力地拍了拍他的肩头，说："我相信你自己能处理好的。"

胡庆宇原以为，爸爸会把自己大骂一顿，谁知爸爸这么轻易就原谅了自己。

就这样，胡庆宇主动去老师家里诚恳地道歉。之后，他报名参加一个英语补习班，每天放学就及时赶过去。

一晃两年的时间过去了，胡庆宇顺利考入了一所重点高中。初中同学问他："我记得你那会儿学习成绩不好，你怎么现在学习这么好？"

胡庆宇顿了一下，恍惚回到了两年前的那个夜晚。他清了清嗓子，说："因为，因为父亲的宽容……"

试想，如果爸爸没有原谅胡庆宇的这次错误，而是不分青红皂白地将他

"收拾"一顿,那么胡庆宇现在会是什么样子?恐怕,"学校"这个词已经彻底和他无缘了!

然而现实中,有几个父母可以做到这一点?很多家长认为,只有严厉的管束与惩罚,才能让孩子认识到错。不错,孩子因为惧怕家长的权威而停止错误行为,这可以暂时起到一定的效果;但是,长期下去,这必定会妨害孩子的成长,逼得他们反抗,或者是消极抵御。

所以,看到孩子犯错,父母应当积极调整心态,毕竟人无完人,谁都有犯错的时候。更何况,犯错本身就是一个很好的学习机会。正如胡庆宇,这次犯错让他找到了未来的路,让他学会了独立生活,这就是犯错带给他的机遇。

所有的父母,都应该给男孩犯错的权利。尤其是孩子主动承认自己的错误后,要耐心地帮助孩子找出错误的根源,进而改正错误,而不只是一味严厉责骂。只要我们可以做到以下这几点,那么犯错对于孩子来说,反而是成长的助推器。

(1) 对孩子的错误要多些耐心

有些孩子犯错是因为年龄小,在做事时不懂程序和方法,这局限于他自己的认知水平。比如,有些男孩在一开始泡茶的时候,可能不知道先放茶叶后放水;有些男孩因为动手能力还不够强,自己穿衣服的时候往往把扣子系错,等等。

这时候,父母要有足够的耐性,不要急着发火,要耐心地给孩子讲解正确的做法,或者动手示范,然后让孩子再试一次。孩子犯错是很正常的,不要对他的要求过高。只有让孩子多动手、多训练,他的错误才会越来越少。

(2).鼓励孩子犯错

男孩犯错,说明他主动动手做了。如果他根本连做都不做,完全依靠父母，那么他也就没有犯错的机会。从这个角度来讲，父母应该鼓励男孩创新，鼓励男孩自己动手，即使因此犯错，也是值得的。

凯凯今年 5 岁了，看到爸爸在电脑上玩得不亦乐乎，小家伙也跃跃欲试。看到他渴望动手却又不敢的样子，爸爸说："凯凯，要不你也来玩一会儿吧。"

凯凯说："可是我不会玩游戏呀。"

"没关系的，你可以看动画片呀，电脑上也能看动画片的。"爸爸继续"诱惑"他。

"那我要是点错了地方，你会不会打我呀。"凯凯怯怯地说，看来他对爸爸的"竹笋炒肉"记忆犹新。

"爸爸不会打你的，你先试试，不犯错误又怎么能学到新东西呢？没事的，你大胆尝试一下，不会爸爸再教你。"

当然，凯凯一开始连鼠标都不会用，到处乱点，搞得手忙脚乱，还不小心关机了一次。

不过，很快他就在爸爸的帮助下学会了找动画片节目。

试想，如果凯凯没有失误的经历，他又怎么可能学会操作电脑？其实，我们每个人也一样。在进入社会之后，同样经历过很多错误。而正是通过错误，我们才学到了正确的为人处世之法。所以，我们尚且不能规避错误，又何苦要难为孩子？

(3) 增强孩子的自立能力，减少男孩犯错的几率

男孩能够从错误中获得教训或者知识，但是这不等于我们可以无限制让孩子犯错。因为，很多低级错误完全是能够避免的。鉴于此，父母要增强孩

子的自立能力，让男孩少犯这些"没有价值"的错误。

今天的孩子，很多都受到家长的溺爱式教育，父母的周到服务、严密保护使得孩子的自立性越来越差，对他人的依赖性越来越强。一旦需要自己面对问题的时候，犯错就不可避免。

为了改变孩子独立面对问题容易出错的状况，家长需要从小培养孩子的独立性，让他经常独自面对问题、独自解决问题。有了这种经验上的积累和心理上的准备，男孩所犯的错误必定会越来越少。

细节 5 | 鼓励：如何教出积极自信、乐观阳光的男孩

为了让男孩长大后能够更好地适应社会，父母要塑造他的自信心，让他从小远离消极、自卑的负面情绪，激活他的自信，告诉他"你最棒"。在鼓励和赞美声中长大的男孩更加乐观阳光，也会拥有更多的优势。

1. 给男孩以欣赏的目光

父母要给孩子充足的成长动力。

5年前，萨菲娜和丈夫从俄罗斯移居到美国生活，不过萨菲娜的英语水平很低。一年后，他们的儿子出生了，当儿子进了幼儿园后，因为学习的英语词汇量多了，萨菲娜有时候都听不懂儿子在说什么。不过，每当儿子让她看自己写的作业时，她总会说："棒极了！"然后贴在墙上。

不仅如此，每当有客人来家里，萨菲娜都会指着儿子的作业说："看，我儿子写得多棒，他可比他妈妈厉害多了！"其实，这些客人明白，她的儿子写得并不好。可是，他们见萨菲娜如此兴奋，于是也同样连连点头附和："不错，不错，真是不错！小家伙可真有语言天赋！"

大人们的赞扬，儿子自然听到了耳朵里。于是他告诉自己："我一定要更好，得到更多的赞扬！"从这以后，他每天都很用心地学习，全然看不出他还不过是个4岁的孩子。

萨菲娜的儿子为什么会有那么优秀的表现，关键就在于萨菲娜懂得欣赏孩子，即使他做得并非那么好。看了萨菲娜的教育方式，身为中国父母的你应该会有很大的感触。

绝大多数的中国父母，总是摆出一副恨铁不成钢的样子，对男孩要求这、要求那。可是结果却不令人满意，有时候还会激起男孩的强烈逆反情绪。男孩之所以如此，是由他们的心理状态决定的。年纪不大的男孩子，会特别喜欢听赞美的语言，都希望得到表扬、肯定和鼓励。当他们由于进步或做了好事而受到父母的表扬和鼓励时，精神上会得到满足，而在精神上得到满足时，思想上也会产生快感。反之，如果总听到父母的训斥，他会认为父母不爱自己，因此不免有些排斥大人。

而反观有些孩子，为什么同样在三四岁时，他们往往会显得很优秀？其中的原因很简单，无非就是这些父母们更懂得欣赏、称赞孩子，他们对孩子的要求不是那么苛刻。他们认为："自己的孩子最棒！他能行！"每个孩子最强烈的需求和所有成年人一样——渴望得到别人的赏识。所以，有教育学家提出了这样的观点："赏识是孩子生命成长的阳光、空气和水，是他们进步的最大动力！"

其实，父母不妨换个角度想想：一个人只要被称赞，心里就会对生活充满热情，如此，便可以发挥出超乎寻常的能力。而孩子也是如此，他们同样需要欣赏的目光或言语来激励自己。所以，对于那些表现不好、毛病较多的孩子，父母更应该用欣赏的言语去激励他们，增强他们的自信心、自尊心和上进心，从而能让他们改掉自己的毛病。要记住，与单纯的说教相比，欣赏会起到令人意想不到的效果！可以说，欣赏孩子是教育孩子的第一步，有了这个良好的开端，塑造自信的男孩就不再是梦想。

那么，我们该如何欣赏男孩儿？

（1）对男孩别苛责

有的家长两眼只盯着男孩的学习成绩，似乎学习成绩好就是好孩子。只要成绩不理想，就认为男孩一无是处。还有的家人想让男孩成为"完人"，事事处处都以非常高的标准要求男孩。如果以这样的心态对待孩子，那自然谈不上欣赏。

程成刚上小学一年级，父母知道他需要一个适应过程。因此，没有苛责地只盯着他的学习成绩，而是对他的学习方法比较关注。他们认为，养成了好的学习方法，程成的学习成绩一定会提高。

有一天，程成回家之后显得不高兴。妈妈问他怎么了，他说今天老师提问他，但是他回答得不好。妈妈没有责备他，只是说："没关系，谁都有发挥不好的时候。只要你每天回家后立刻写作业，并且学会预习，那么以后回答老师问题时一定会回答好的。"

"什么是预习？"程成来了兴趣。于是，妈妈开始教他如何预习……在妈妈的欣赏和鼓励声中，程成的学习劲头儿更大了，成绩也在不知不觉中提高了。

罗马不是一天建成的，男孩的成长有一个过程，父母不要过于苛责，要留给他成长的时间，用欣赏和鼓励，给予他最充足的成长动力。

(2) 寻找男孩的闪光点

家长不要只盯着男孩的小毛病，而看不到他的闪光点。父母可以发掘男孩身上的优点，比如细心、记忆力强、理解力强、勇敢，等等。哪怕有的优点孩子并不具备，家长也可以用善意的谎言鼓励他。只要你欣赏他、夸奖他，那么你一定可以培养优秀的孩子来。当一个男孩得到父母鼓励、欣赏时，他就会对自己充满信心，而他身上的潜能也就会被激发出来。

(3) 及时看到男孩的进步

父母要练就一双慧眼，及时发现孩子的进步，哪怕很细微很缓慢的进步，父母都要及时给予肯定和鼓励。星星之火可以燎原，这些不起眼的微小进步，就是男孩成长为男子汉的基石。

王锴今年考上了一所重点大学,每当别人问起他的学习经验的时候,他总是很感激他的爸爸。

原来,王锴小时候有轻微的少儿多动症,学习时坐不了一会儿就想干点别的。后来,爸爸用自己的教育方式帮他改掉了这些毛病。

王锴到现在还清晰地记着,爸爸第一次夸他,仅仅是因为他静静地在凳子上坐了几分钟,爸爸那时候很高兴地夸奖他:"儿子,你今天很不错,比昨天多坐了一分钟呢!"王锴的每个微小的进步,爸爸都不忘夸奖他。比如,作业中的某个字写得越来越工整了、静下心来写作业的时间延长了……

就这样,王锴越来越优秀,各种毛病慢慢都改掉了……

对男孩的教育,其实就是生活中那些小细节的积累。作为一个优秀的家长,往往能够让男孩感受到父母对他的欣赏,让男孩为自己的进步自豪。这样,他们会更加严格地要求自己,为自己的进步找到更大的动力。

(4)选择适当的欣赏表达方式

要想欣赏孩子,就必须表现出足够的诚意,不要在说着欣赏的话时,却摆出了一副冷漠的样子。语言配合表情、动作,这才能让欣赏发挥最大效力。例如,当孩子走在马路上,突然弯腰捡起一个牛奶空盒,丢进垃圾筒。你可以加大音量地说:"你的举动很令我惊喜!"甚至可以与他拍手,亲他一下。这样,孩子就会坚持这种行为,从而养成良好的生活习惯。

2.给男孩上好乐观这一课

父母不要总是否定自己的孩子。

罗源刚刚进入小学,尤其喜欢数学。这天晚上,罗源正在做练习题,有个鸡兔同笼的问题怎么都想不明白,于是就去问爸爸。爸爸这时候正忙着看电视,不耐烦地说:"你不是说你很喜欢数学么?怎么这么简单的问题都不会啊。笨蛋一个,一点也不像我,这样的问题我三岁就会了。"

罗源一听爸爸这样说他,眼泪差点掉下来。这时候妈妈过来了,对罗源说:"我来帮你看看这个问题。哦,这个问题对你来说确实有点难,要不你先放一放,休息一下再想想。"

罗源在妈妈的建议下,在自己的房间里唱了几首他喜欢的歌。妈妈说:"不错呀,儿子,有大明星的潜力。"罗源郁闷的心情一扫而光,他对妈妈说:"我现在心情好多了,我再去看看那个问题吧。"

最终,那个问题被罗源解决了,他开心地跟妈妈说:"妈妈,我做出来了,我不是笨蛋!"

"你当然不是笨蛋。"妈妈白了一眼爸爸说。

爸爸知道自己错了,心虚地低下了头。

人们常常谈论这样一个问题:为什么现在的孩子遇到一点困难和挫折就

常常过不去了呢?这些未来的男子汉们的心理为什么这么脆弱呢?现在的男孩为什么这么悲观呢?

孩子的心灵往往是很脆弱的。他们的自信心遭到打击后,很容易形成懦弱、胆怯的性格,甚至会变得自暴自弃,破罐子破摔。这样的结果,绝不是父母所乐见的。因此,父母尽量不要用否定或者讽刺的语言评价孩子,而要给他们一些鼓励,培养他们积极乐观的心态。

正像英国作家萨克雷的名言一样,生活就像是一面镜子,你对它哭,它也对你哭;你对它笑,它也对你笑。与其整天垂头丧气,闷闷不乐,倒不如开开心心,积极乐观地活着,父母在家庭教育中,一定要给男孩上好乐观这一课。

但是,有的父母却不这样认为。在他们看来,儿子就是自己的一种延续,恨不得他能够一天长大,出人头地。看到孩子刷不好碗,嘴上不免讽刺几句动手能力不行;考试成绩不理想,不免又想训斥一番儿子不努力;竞选班干部落选,忍不住唠叨就你那熊样还想当官……被父母这样不经意地否定几次之后,儿子的自信心便会灰飞烟灭。

孩子的心是很脆弱的,父母在孩子的心里种上否定的种子,它就会生根发芽,然后疯长,最终会覆盖孩子的整个心田,从而摧毁孩子的自信心,使其不敢迎接困难的挑战。这样,到头来,最伤心的人还是作为父母的你。所以,父母不要总是否定自己的孩子。要知道,男孩是一座宝藏,只有用肯定的心去发掘,才能打开男孩阳光自信的大门,让他拥有积极乐观的心态,从而在人生的旅途上一路开怀。

而要想发掘孩子这份宝藏,那么我们就必须获得打开宝藏的钥匙。

(1) 理解你的孩子

作为父母,我们不妨扪心自问,我理解自己的孩子吗?我知道他胆小懦弱的原因吗?我知道他为什么讨厌我的唠叨吗?想要知道答案,只有理解孩子的内心，我们才能做出准确的判断。

这个学期一开始，马晓宇跟同桌闹了别扭，弄得他一直没有好心情。第一个月的考试成绩不是很好，他更加闷闷不乐。

妈妈看了马晓宇的成绩之后，也没有问是什么原因，就开始唠叨："你这孩子一点都不争气！你现在学习不用功，将来打扫厕所都没人要你。你看你，皱眉头干嘛？是不是我说的不对啊！倒霉孩子，一点上进心都没有。"

马晓宇听到这些，头都要炸了。他想："既然妈妈这么不理解我，那我努力学习还有什么用啊！不如破罐子破摔算了。"

看到儿子无动于衷的样子，妈妈的唠叨变本加厉，简直成了必修课。每天吃饭说一遍，睡前说一遍，终于有一天，马晓宇爆发了："你说我这也不好，那也不好！我难道就没做好过一件事情吗？我的数学也考过100分呀，我在运动会上也拿过名次呀！我每天回家帮你做饭、打水，我也不逃学不旷课不上网不玩游戏，你还要我怎么样啊！就是因为你总这么说我，我才不愿意学习了，才要和你对着干！"

看着情绪激动的儿子，妈妈突然愣住了。她不知道，自己过去是不是真的做错了。

其实，所有的男孩都非常希望得到父母的理解，渴望公正的评价。可是当父母的往往恨铁不成钢，对孩子的烦恼和想法不管不问，对孩子的优点视而不见，时常把孩子贬损得一无是处。这样，又怎么能让孩子拥有乐观自信的人生呢？

(2) 多一点宽容

一名14岁的中学生，因为外语没有考好，回到家后就闷闷不乐地坐在电视机前。母亲知道后，就骂了一句："考这么差，还有脸看电视！没心没肺，不知道羞耻！"结果，这名中学生羞愤交加，回了一句："我有这么差吗？原来在你眼里我是这样的！"然后，他就离家出走了。

在外面，为了生存，这个本来应该坐在教室里的男孩开始偷窃、抢劫，最终因为故意伤害他人被送进了管教所。事后，这位学生的母亲才知道自己对孩子伤害有多大。

"人非圣贤，孰能无过？"家长面对孩子，应该多一点宽容，如果对于他们的无心之失或者仅仅是因为成绩不好，就大动肝火，对孩子是极端不公平的。男孩情绪过激一点，一时冲动，就可能做出伤害自己或者他人的极端行为。所以，孩子即使犯了错，父母也要学会宽容，给他们改正的机会。

(3) 用鼓励的方式指出男孩的不足

孩子毕竟是孩子，他们总会有解决不了的难题。例如有的算术题，这对于三四岁孩子就像一座高山。

了解到这一点，父母就不要打击孩子，千万别说"我知道你算不出来，你什么时候算出来过"。父母应该抚摸着孩子的头，对他说："孩子，你还小，所以解答不出来也是正常。但是别怕，你可以掰掰指头，那么一定会找出答案！"这样，孩子就会被你鼓励起来，燃起攻克困难的信心和勇气。

这天吃完饭，爸爸想让国泰试着做一些家务，就让他收拾一下餐桌再去洗碗。看着国泰忙碌的样子，爸爸妈妈不由得露出了欣慰的笑容。可是没过一会儿，"啪"，小碗摔碎了，"哗啦"，筷子撒了一地。这时，妈妈有些坐不住了，想要站起来。

爸爸阻止了她，然后对国泰说："没关系，你现在还不熟练，咱们可以多练习几次，熟练了就好了。你可以先把小碗擦一下，这样就不会那么滑了。而且，你的手还小，拿不住那么多筷子，可以分两次来拿，你说呢？我相信你很快就能学会的。"

见爸爸没有骂自己，反而鼓励起自己，国泰一下子很开心，然后用力地点了点头。他记住了爸爸教给他的方法，仅仅过了两三天，他就能很熟练地做这些事情了。

当孩子的问题在父母的鼓励下顺利解决后，他会感激父母，更可贵的是，这种经历将会使孩子形成积极乐观的生活态度。在以后遇到困难的时候，他们也会试着鼓励自己，克服困难。

(4) 禁用伤害孩子的语言

父母发怒的同时，肯定没有留意到孩子脸上的委屈与落寞。其实，男孩对于大人褒贬的语言，是相当敏感的。因此，对男孩说话要时刻注意。如果父母对其要求过于苛刻，总是不停地指责孩子，那势必会给孩子的心理造成负面影响，从而不利于孩子乐观心态的养成。

因此，类似"你说说，你能做好什么？简直一无是处""你就是个废物""果然不出所料，早知道会这样"，等等，可能削弱男孩信心、伤害心灵的话语，请家长们千万不要再说了。

只要父母相信孩子的能力，给他多一些支持和鼓励，少一些苛责和讽刺，那么孩子就会努力，就会进步。所以，如果你过去存在挖苦、讥讽孩子的行为，那么请及时作出调整吧！否则，你的儿子将会在你的数落中越来越沮丧，越来越与你的期望相去甚远！

3.学会赞美的技巧，好孩子是夸出来的

男孩得到赞美，会主动地追求进步。

志鹏是一名小学五年级的学生，学习成绩还不错。不过，他对集体活动很不热心，班上或学校组织的各种活动，他都没有兴趣。当同学们都在丰富多彩的集体活动中获得知识和友谊的时候，他总是孤零零地待在一边。

妈妈很担心，生怕他患上自闭症。于是，她去学校向班主任寻求帮助。班主任决定任命志鹏为副班长，让他多接触一下其他同学，多参加一些集体活动。

然而，志鹏放学回家，对妈妈说自己压根就没有兴趣当班干部。妈妈认真地告诉他："老师是信任你的能力，才任命你当副班长的，这说明同学们喜欢你呀。"

志鹏惊讶道："是吗？"

妈妈微笑着点头道："对啊！其实你根本不知道，你自己有多优秀！"

妈妈的赞扬，让志鹏有了挑战的勇气。渐渐地，志鹏越来越喜欢参加集体活动，一改往日幽闭的性格。

看着越来越开朗的儿子，妈妈终于松了一口气。

好孩子是夸出来的，父母们需要适时给予孩子一定的赞扬，这对男孩子的自信心树立有着极大帮助。通过对男孩的好思想、好行为及时给予积极的肯定，可以激发男孩的上进心，激励男孩不断进步。

然而，对于大多数家长来说，对孩子还是习惯于用批评的教育方式。作业写错了批评，成绩没考好批评，家务没做好训斥……批评伴随着很多男孩的成长。孩子不是士兵，你也不是教官，一味批评否定，只能给孩子带来焦虑和压力，让孩子变得懦弱、胆怯，甚至形成叛逆的极端性格。

其实，赞扬和鼓励反而会更有效果。比如对他说"我感觉你的英语口语越来越流畅了"、"你知道帮助妈妈做饭了，真懂事"。这样，孩子就会觉得自己很棒，是个有用的人，因此对未来信心大增，能够不断地进步。

没有不合格的儿子，只有不擅长教育的父母。有的父母提到自己的儿子就是不堪造就的语言："看来你真不是读书的料"、"你的脑子里是糨糊吗，怎么一点都不像我"、"果然不出所料，我看你也就这点出息了"，等等。这种消极的语言等于告诉男孩："你再努力也没用，命中注定你就这样。"如此将会严重打击孩子的上进心。

每个人都希望得到别人的表扬，孩子也不例外。可能有的家长会说，孩子明明做得不好，我还能睁着眼睛说瞎话去赞扬他吗？孩子打碎了碗，父母当然不能赞扬他打得好打得妙，但是可以赞扬他热爱劳动，可以赞扬他体谅父母。如果我们喋喋不休地只说他打碎碗的事情，那么他下次很可能就不乐意帮父母洗碗了。

因此，每个家长都应该根据自己孩子的特点，用赞美的方式促使他进步。家长可以与老师交流，从另一个角度认识自己的孩子，发现孩子的优点，然后再适时地对孩子进行表扬。这样，孩子的"赏识饥渴"就会得到满足，从而促进其主动追求进步。

当然，赞美也是讲究方法的。具体来说，对于赞美孩子，我们要遵循以下几点原则。

(1) 赞美要具体到位

3岁的伟伟拿起画笔在纸上画下了不知什么东西。

妈妈赞美他："嗯，这幅画画得真好！伟伟真聪明。"伟伟很开心，继续涂鸦，而妈妈每次都干巴巴地赞美儿子聪明，画得好。过了几天，伟伟再也不想画了，他觉得妈妈的赞扬是一种敷衍。

而小旭的妈妈是这样夸他的："嗯，这幅画画得真好！我尤其喜欢这棵大树，你看，叶子画得多好啊，我都能感觉到它们在风中摇曳的样子！我也喜欢你的用色……"

妈妈的赞美，使小旭一直坚持画画的兴趣，为此画得越来越好。

赞美也是有方法的。父母对孩子的赞美，要具体而到位，这样孩子才能明白，自己到底哪点做得好。不过，千万不能为了赞美而赞美，因为泛滥的赞美反而会成为孩子的绊脚石。

(2) 赞美要及时

当孩子的行为值得表扬时，父母要及时表扬。如果没有及时表扬，而是过了一段时间才夸奖孩子，这时孩子的热情已经过去了，那就起不到强化良好行为的效果。

刚学会写作文的杨勇写了一篇《毛驴拉磨》的作文，他自己非常得意，很想让爸爸分享一下自己的喜悦。

此时,爸爸正忙着在烈日下修理他那辆"老爷车",看到杨勇拿着作文在旁边等着,很想擦干净手上的油看看。可是,他手里还有很多活没有干完。

杨勇的爸爸很重视对孩子的教育,他知道杨勇现在正是热情高涨的时候,如果自己只是敷衍地夸他几句,或者等修完车再看,孩子的热情可能就没了。于是,他就对儿子说:"儿子,你看这样好不好,你给爸爸读一下,爸爸听听。"

杨勇十分高兴,声情并茂地给爸爸读了起来。听完后,爸爸夸他:"不错,儿子,你比爸爸小时候强多了,这个年纪就能写出这么长的作文来。不过,我觉得你可以把毛驴当成人来写,这样的手法叫拟人。比如你可以写,毛驴想到自己能拉车、会拉磨变得非常开心。"

杨勇说:"哦,爸爸,你等着,我马上给你写一篇更好的,就用你说的拟人。"

时过境迁的赞扬,是不会让任何人留下印象的,男孩子也不可例外。所以,"及时赞扬"原则,是决不能忘记的。

(3) 别放过任何一次赞扬孩子的机会

也许在父母的眼里,孩子的有些成绩,不过是易如反掌之事,例如自己系鞋带、自己端盘子等。可是在孩子的心里,这却是一件最大的事,因为这是他走出独立的第一步。这时候,父母就不要从成年人的角度看待孩子,而是应当做出惊讶的表情说:"呀,孩子你可真棒!妈妈就知道,你是最优秀的!"

这样的机会,在每天的生活中都会出现:他自己穿了衣服,他学会分辨左右，他能够用钥匙开大门……只要你留心注意，你就会发现孩子总在取得各种小成功。当你不放弃这些赞扬孩子的机会，你就能感觉到：孩子越来越健康了，与自己的关系越来越亲密了！

(4) 赞扬孩子的探索精神

男孩子天生好奇心重，如果父母能够引导他的这种探索精神，就可以引领他顺利地走向求知之路。

有一次，雨果·西奥雷尔和几个小伙伴玩耍时看到一只可怕的小虫子，别的孩子都害怕极了，只有他保持着镇静。他抓住了小虫子，然后拿来一把小刀进行解剖——他想要弄清楚小虫子的肚子里到底有些什么。

父亲看到之后，夸他有胆量、干得好，还和他一起进行解剖和观察。在父亲的鼓励和影响之下，西奥雷尔走上了医学之路。后来，鉴于他突出的成就，瑞典、丹麦、美国、英国、法国、意大利等国先后吸收他为科学会会员。如今，雨果·西奥雷尔担任了瑞典医学会和化学会主席、瑞典诺贝尔学院生物化学系主任。

正是通过赞扬，西奥雷尔才有了伟大的成就。所以，作为父母的我们别总是对着孩子绷着脸，别总是吝啬你的甜言蜜语。只要学会赞美，那么你就会发现：原来儿子是如此的优秀！

4. 用赏识和鼓励帮男孩赶走自卑

父母要正确引导男孩消除自卑，重拾信心。

韩岩来到城里的学校后，发现自己的普通话是那么不标准。而且，与城里的孩子相比，自己学习成绩也算不上好。

这时，他觉得自己动手的能力很差，文体方面也没有什么特长。为此，韩岩越来越自卑，总觉得自己一无是处。

有一天回家，妈妈见他闷闷不乐，就问了原因。韩岩如实说了。

妈妈说："韩岩，妈妈觉得你一点都不比别的同学差。你还记得吗？那天去送你上学，妈妈看见你和同学说话，听见你问候同学生病的妈妈。我很骄傲，那时我就觉得你长大了一定有出息。再说，你会自己修理自行车，跳远成绩也是全年级第一，这都是你优秀的地方。当然，有不足的地方，咱们努力就好了，我相信你用不了多久就会比他们更优秀！"

听了妈妈的话，韩岩用力地点了点头。从这以后，他很少再因为不如别人而不开心了。

随着年龄的增长，男孩的自我意识越来越强。但是，男孩的认知能力有限，不能对自己有个客观公正的评价。为此，他们经常会放大自己的弱点，夸大别人的长处，从而使脆弱的心灵遭受打击，慢慢养成了自卑的性格。

面对这样的男孩，我们能做的就是对他进行赏识教育，帮助他扬长避短，克服自卑、懦弱的心理，而不是在旁边煽风点火，进一步刺激他。但是，有些家长对孩子从来都不假辞色，觉得"慈母多败儿"，不肯给孩子好脸儿。让孩子产生这样一种错觉：自己总是错的、不好的、不优秀、不合格的。

欠缺夸奖和鼓励的男孩们，会逐渐走向自卑的道路，深陷否定自己的泥潭。男孩如果产生了自卑感，对成长是非常不利的。所以，父母要掌握方法，尊重孩子、相信孩子、鼓励孩子，正确引导男孩消除自卑，重拾信心。

(1) 帮助男孩正确认识自己

很多男孩之所以自卑，是因为只看到了自己的缺点。这时候，父母就应当帮助他转移视线，正确认识自己。

美国参议员艾摩·汤玛斯小时候因身体原因，有着很强的自卑感。不过，他的妈妈这样对他说："儿子，你要全面地认识自己，不要只盯着自己的弱点。你的身体不太好，但是你很有头脑，表达能力强，说话很有感染力，你为什么看不到自己的优势呢？"

艾摩在妈妈的教育下，克服了自卑感，终于获得了成功。

男孩只有正确认识了自己，才不会把目光局限在自己的缺点上，否定自己。只有发现了自己的长处，才能扬长避短，更好地发挥自己的优势，做出成绩。

(2) 指导男孩排除心理障碍

在家庭中，家长要随时注意男孩的情绪变化，及时帮助男孩排除心理障碍。只有及时化解男孩心里"我不行"的小疙瘩，才能有效防止男孩自卑性格的形成。

比如,男孩有了苦闷情绪,当家长察觉到时,要让他尽量诉说发泄,不要让他的抑郁长期压在心头。

(3) 别拿孩子的弱点比别人的优点

很多家长喜欢用自己孩子的弱点与别的孩子的优点相比。这么做的结果,只能是给自己和孩子添堵。例如有的家长看到自己的儿子学习成绩差,就不停地唠叨:"你看看人家向前那孩子,哪次不是数一数二的,哪像你,这么笨"、"你的数学怎么学的,还能数清楚几根手指不?看人家小勇,满分"、"你写的字像狗爬的,跟芳芳学学",等等。

家长本想以此激励孩子进步,但是你们不知道的是,这样做只能适得其反。因为,孩子最烦的就是家长这一手,最后要么逆反,要么自卑。所以,那些刺激的语言,还是尽量少说。

(4) 父母自己要对男孩有信心

有些孩子在外貌、体型、体力等方面的缺陷,会让他觉得见不得人,从而陷入自卑。若想让男孩克服自卑感,首先父母自己要对男孩有信心。父母是儿子的人生第一老师,倘若"老师"都嫌弃自己,那么他又怎么可能充满自信心?

杰克·韦尔奇小时候患有口吃,因此非常自卑。读书时,每个星期五他都会点一份烤面包夹金枪鱼,可是,每次女服务员都会给他端上双份,因为她每次都听到韦尔奇说两次。

很长时间里,过度的自卑让韦尔奇萎靡不振,幸运的是他的母亲帮他克服了这一缺点,让他找回了自信。

当时,医生告诉韦尔奇的父母他的口吃不可能根治,但是他的母亲却相信儿子能够战胜自卑带来的忧虑，从而改善口吃的状况。

母亲对韦尔奇说："这并不是什么缺陷，只是因为你太聪明了，舌头跟不上大脑的运转。所以，你可以慢慢说，别着急。只要经过一段时间的努力，我相信，你的嘴巴就能和你的脑子一样快了。"

听完母亲的话，韦尔奇这才明白，自己的口吃毛病根本不是大事。从此，他不再为自己的口吃而忧虑。后来，自信的韦尔奇成为"全球第一CEO"。

最重要的一点，就是父母别给孩子太多的压力，不要总拿自己孩子的短处去和别的孩子的长处相比。否则，只能伤害孩子的自尊心，造成孩子产生自卑心理。当我们感到儿子是值得信赖的，是同样优秀的，那么他自然会感受到你的信任，从而将自卑的情绪一扫而光！

5.不要给男孩过高的压力

孩子终究只是孩子，无法承担过多的压力。

林宇今年12岁了，生活在一个普通家庭。他的妈妈为他设立了非常高的标准，总是把"孩子，你可要努力，你是全家的寄托啊！"挂在嘴上。

当然，妈妈的督促可不仅只是语言这么简单。除了在学校里正常的学习和活动外，妈妈还给他报了好几个辅导班：篮球、英语、钢琴、书法。同时还规定晚上12点以前不准睡觉，一心想让他成为拔尖的人物。

林宇在这样的重压之下，各方面表现得都很优秀。但是慢慢地，妈妈却发现他似乎跟别的孩子不太一样。比如：他对别人的评价非常敏感，略有微词，便情绪低落。而且在行为上经常有神经质的表现，不像其他同龄男孩那样尽兴地说笑和玩闹，似乎很受压抑。

直到有一天，林宇在课堂上突然大喊大叫，情绪失控。老师找到了他的妈妈，建议她带林宇去看心理医生，妈妈才发现了问题的严重性。

每个父母都望子成龙，希望自己的孩子成为别人眼中的楷模。这种期望固然没有错，但是，如果把太多的期望一股脑地压在孩子的身上，甚至不惜拔苗助长，那么，高期望带来的就只有高压力。

父母要明白，男孩的成长自有其自然规律，家长的期望值再高，男孩也不会一夜之间成才。他们只是雏鹰，翅膀还很稚嫩，需要在一个宽松愉悦的环境下成长，然后才能展翅高飞。但过高的期望，会毁掉男孩的自信。因为，10岁的孩子，很难做到18岁才能做的事情。一旦不能实现目标时，他就会对自己的能力感到怀疑，从而动摇对自己的信心。

孩子终究只是孩子，无法承担过多的压力。倘若父母将过重的希望寄托在他的身上，那么他势必会如挂满了衣服的小树，只能歪歪扭扭地成长，压力太大了，甚至还会折断。

所以，父母不要总觉得男孩子将来要肩负重责，就对他充满太高的期望和要求。期望不是不可以有，但这一定要在合理的范畴之内。

(1) 让男孩量力而行

父母应该对男孩有所期望，但是要根据男孩的实际情况，让男孩量力而行。父母对孩子要有客观的认识，每个男孩在某个特定领域都有擅长不擅长之分。即使同一个男孩，在他成长人的不同阶段，发展和认识水平也是不同的。如果男孩本来在运动方面不擅长，父母却非得希望男孩去突破刘翔的纪录，肯定是不现实的。即使是他在某个领域很擅长，但是父母也不能妄图让你的男孩瞬间就达到一定的水平。

因此，父母对男孩的期望要一步步实现，不能急于求成。要想让孩子成为钢琴大师，那就要从学习基础的声乐知识开始，要想让儿子在田径场上赢得荣誉，就要从起跑线开始。

(2) 正确认识孩子的未来

孩子的年龄还小，可塑性非常高，所以，父母不要把孩子的未来早早地固定在一条道路上。否则，只会让他的目光过于狭窄，身上的压力自然可想而知。

郑鑫从小喜欢画画，从小就参加了美术班。虽然他的学习成绩不算优秀，但妈妈并没有就此逼他一定把学习成绩搞上去，只是对他说："孩子，既然你喜欢画画，那就用心画，学习上你只要尽心尽力就行了。只要你画出名堂，将来也是一条不错的出路！"

一个学期结束了，郑鑫的画仍然不是很好，但也得到了明显的提高。妈妈很高兴，奖励了他一部游戏机，并对他说："咱们下学期考到中等水平就行！"

后来，郑鑫真的画出了名堂，成功考入中央美术学院。

因此，父母要有这样的意识：考第一的孩子不一定都能够健康成长，成绩也不是衡量成功的唯一标准。父母应该降低对孩子的期望，正确认识孩子的未来。在发现孩子的其他长处后，就对他进行鼓励。这样，孩子才有进步的动力。

(3) 别让男孩背上欠债的包袱

有些父母经常把这些话挂在嘴上：

"我起早贪黑地工作，为你创造那么好的条件，你都不好好学，你对得起我吗？"

"我省吃俭用地供你上学，给你买这买那，你还这么不听话，你的良心让狗吃了！"

"我这么细心地照顾你，你就不能体谅我一些吗？将来能指望你养老么？"

父母们的这些抱怨会给男孩背上沉重的心理包袱，男孩应该对父母有感恩之心，但不该是这种欠债似的认知。否则，男孩脆弱的心灵就可能会被自责、懊恼占据，而这并不利于他们的健康成长。类似的话，我们要尽可能杜绝，否则只能把孩子逼上绝路！

细节 6 | 慢养：如何教出能忍能耐、厚积薄发的男孩

教育不是一蹴而就的事情，成功也没有捷径。
只有让男孩慢慢成长，用"文火"教育，
才能把男孩打造成百炼成钢的精英，
否则欲速而不达。多一些耐心，少一些急躁，
让男孩一步一个脚印地成长，
厚积薄发，慢慢地靠近成功。

1. 人生漫漫，让男孩学会"慢决策"

男孩要走的路，让他自己慢慢抉择。

吕昊从小就喜欢踢足球，后来上了初中，还成了学校足球队的一员。

上高中以后，由于面临着升学压力，爸爸妈妈决定让吕昊周末参加一些补习班，于是找来吕昊商量。吕昊对他们说："省体工大的老师找过我，说我如果系统训练一下，上体育大学没问题。要不，我去练足球？"

妈妈一听，着急了，说："你就知道不务正业，足球就是野蛮人的游戏，你看你身上的伤疤，踢球有什么好的。你老老实实给我学外语！"

爸爸制止了妈妈："儿子，你不要着急着作决定，你静下心来好好想一想，这可关系着你自己的未来，爸爸妈妈只能给你提供建议，未来的路怎么走，你自己决定。不过我觉得，足球可以作为你的业余爱好，你最擅长的还是外语。你自己决定吧。"

过了三天，吕昊找到了父母，告诉了他们自己的决定：参加外语辅导班，将来考外国语学院。

随着孩子年龄的逐渐增长，他们会面临着许多重要的人生抉择。父母作为过来人，当然希望自己的男孩不走弯路。为此，有些父母自认为是为了孩子好，就简单粗暴地帮他作了决定，圈定了他的未来。

父母强烈的望子成龙之心是可以理解的，但是，急躁地剥夺孩子的决策权，这是不是有待商榷呢？诚然，男孩在很多时候显得鲁莽、任性，但是牵涉到他的未来、他的前途，他并不是那么冲动的。只要父母给他提供全面客观的建议，晓以利害，男孩经过慢慢思考权衡，肯定会选对要走的路的。

所以，当男孩站在抉择的岔路口踌躇的时候，父母千万不要急于替孩子作决策，为孩子设计未来，更不要为了自己未曾实现的梦想，让孩子做自己的接力棒。理智的做法是给孩子一段时间，让他在冷静的环境中权衡各种利弊，最终作出选择。如此，便可以培养出男孩做事果断的性格。

男孩有自己的理想和追求，父母只要晓以利害，提醒他为自己的选择负责就好了。如果父母过于急躁，贸然替孩子作决定，违背了孩子的意愿，那么在你选定的这条道路上，孩子自然没有动力。而等到孩子成年后，如果没有建树，不仅他们会怨你，就连你也无法原谅自己曾经的所为。

要想让孩子学会"慢决策"，我们就要做到以下几个方面。

(1) 让男孩从小学着作决策

父母不要以为，只有大人才有决策权，其实，男孩也应该有相应的决策权，特别是涉及男孩自己的事情。曾经有报道说，有些男孩从小没有任何决策的权利，就连穿什么衣服也必须按照父母的规定，结果有的男孩从小被打扮成女孩的模样，长大了成了"娘娘腔"。

因此，父母不要因为男孩作出不合理的决策或者犹豫不决而剥夺了他的这一权利，要对男孩多一点耐心，让他慢慢学习。

志东的父母想要给孩子聘请一个保姆，因为孩子才3岁，父母就自作主张地决定，从月嫂公司高薪聘请了一个手脚勤快、精通家务的姑娘。

没想到，志东一见到这姑娘就哇哇大哭，过了一周还没有适应。原来，小家伙一直是奶奶带着，他自己喜欢找个奶奶而不是阿姨，最后，父母很无奈地把那个姑娘换掉了。

聘请保姆相当于为家庭引入新的家庭成员，这与孩子的成长相当密切，而这也会对孩子的生活、心理产生很大的影响。因此，父母应该好好考虑孩子的意见，甚至应该让他决定。

(2) 让男孩学会为自己的决策负责

十几岁的孩子，已经有了很强的思维能力，他们知道如何努力才能把事情做到最好。所以，对于男孩的决策，父母只要善意地提醒可能出现的后果就好，不必为此忧心忡忡。

范华喜欢音乐，生日的时候爸爸给了他几百块钱，让他自己给自己买件礼物。范华很高兴，就买了一把吉他。

但是，妈妈有些担心，怕范华玩音乐耽误了学习，于是就对他说："儿子，音乐能陶冶人的情操，你的爱好妈妈很支持，不过千万不要为此耽误了学习哦，那样的话好事就会变成坏事了。"

范华明白了妈妈的意思。因此，每天都在认真学习之后，才会去练习吉他。这样过了一个学期，范华的成绩不仅没有下降，反而提高了，而他的吉他也有了很大进步。

只要男孩的追求是健康有益的，父母就应该尊重孩子的决定。当然，父母要教会孩子防范不良后果，让他学着为自己的决策负责。

(3) 给男孩创造决策的机会

现在有的男孩子，也许是长期娇生惯养的缘故，从来不愿意作决策，只等着父母的决定。对于这种孩子，我们不妨给他创造决策的机会，让他不得不作出选择。

看到儿子写作业拖拖拉拉，妈妈对新宇说："如果你能在一个小时内完成作业，那么你可以决定待会儿我们是去公园还是去游乐场。"

"好！一言为定！"新宇立马认真地做起功课来。

没用了一个小时，他就写完了。他对妈妈说："妈妈，我做完作业了，我想去游乐场滑旱冰。"

"好的，带好你的护具，别摔着。"

父母给孩子创造决策的机会，可以像新宇的妈妈一样，给出两个选择，让儿子选择一个。也许，这样的选择看似依旧被动，但对于过去总是依赖父母的孩子来说，无疑是很大的一步。只要能够循序渐进，那么他就会养成自己作决策的习惯。

2."慢养"精髓：与孩子进行心灵交流

与孩子进行心灵的交流，这才是"慢养"的精髓。

又到了星期六，小辉醒来后，想起今天文化官有青少年才艺比赛，于是赶紧跑到父母的卧室，准备叫醒他们一同前往。

小辉一直都向往唱歌、跳舞，所以，有这样的一个机会去观看、学习，怎能不高兴呢？

可是当小辉走进爸爸妈妈的卧室后，却发现里面空无一人，只是在床头柜上留了一张纸条，上面写着："小辉，今天爸爸妈妈要去做生意，厨房里已经有吃的，饿了就吃点吧！晚上爸爸妈妈回来给你带最新的耐克运动鞋，相信你一定会喜欢的！"

一整天，小辉都是在唉声叹气中度过的。晚上爸爸妈妈回来后，看着漂亮的耐克鞋，他不但没有丝毫的高兴，而且还哭成了一个小泪人。

也许是因为生活的压力，也许是为了给孩子打下一个坚实的物质基础，很多父母把原本陪孩子的时间用在了工作、应酬上。结果，越来越多的父母没了和孩子在一起交流的时间。

对于此，父母当然也会感到一丝亏欠。为了弥补，父母不断地给孩子买这买那，丝毫不吝啬。是的，孩子在物质上是很丰富了，但是他们的心灵呢？

物质的富足更反衬出心灵上的干涸，他们更加需要父母的关爱。

用物质代替心灵关怀的父母其实没有发现，男孩的要求其实并没有那么高。父母难道真的以为那些名牌、那些奢侈品就能帮助男孩成长为顶天立地的男子汉吗？离开了父母的心灵鸡汤，被物质包围的男孩又能汲取多少营养呢？

不可否认，物质之爱，可以暂时带给男孩一些满足感，但是物质真的可以让孩子感受到心灵上的温暖吗？物质是冷冰冰的，而唯有父母的关爱是热乎乎的。在初期阶段，孩子也许会感受到满足；但用不了多久，他就会感到内心的寂寞。

所以，即使父母整日都要处理工作，或者在生意场上有令人头疼的烦心事，也不要漠视孩子的内心需要。倘若男孩每天从早到晚都没有机会与父母交流，那么他们的心理成长一定不会顺利，时间长了甚至会扭曲。只有给予他足够的心灵营养，孩子才能茁壮成长。

(1) 物质条件在于实用而不是奢华

有些父母把自己的男孩当成"小皇帝"来培养，从小就让男孩非名牌不穿，非进口的东西不用。等到男孩上学以后，同学有的东西必须给他配齐，同学没有的东西也让自己的男孩"独领风骚"。殊不知，这样教育男孩的后果只能让他变得肤浅，让他的价值观发生扭曲，让他以为什么都可以用钱买到。

父母给孩子提供物质条件的时候，遵循实用大方的原则即可，不一定非要名牌。

(2) 将物质关怀与爱心融合

孩子的成长，离不开物质的关怀，但是物质上的爱并不能代替父母的心灵之爱，孩子需要的，不仅仅是牛奶面包，更需要滋养内心的心灵鸡汤。

当然，这不是说我们不可以给孩子物质关怀。只有物质与情感相结合，这样才能让孩子体会到父母的爱。

阿华生活在一个单亲家庭，从小跟着妈妈长大。当他上初中后，妈妈为了给他攒学费，就开了一家服装店，每天都是早出晚归，很少顾及到他。为了弥补亏欠孩子的感情，妈妈经常会送给阿华很多小礼物。

当然，妈妈觉得这还不够，毕竟刚刚进入青春期的孩子，一定有很多问题要与大人分享、交流。于是，妈妈给阿华买了一部手机，每天都会抽时间和阿华聊会儿天。尽管她和阿华在一起的时间很少，但是，她能感到孩子就在身边。学校趣闻、内心疑惑……凭借着小小的手机，她和阿华的感情仿佛比过去更亲密了！而阿华也很争气，学习成绩一直名列前茅，在文艺活动中也表现得很活跃。

手机是物质，信息是情感，这样一来，物质与情感就得到了完美的结合。类似的方法还有很多，只要父母善于利用外物，那么自然就会与孩子搭建交流的平台。

(3) 多跟孩子交流沟通

你的男孩需要什么？也许有的父母想半天会给出下面的答案："嗯，他需要一个篮球，上周跟我说过，我忘了。""他需要一辆山地车，同学们都有了。""他需要一双阿迪达斯的篮球鞋，他最喜欢逛这个牌子的专卖店了。"是的，父母第一时间想起来的往往是孩子的物质需要，有谁能想起孩子需要的是与父母的沟通交流呢？

归根到底，与孩子进行心灵的交流，这才是"慢养"的精髓。孩子需要物质，但更需要与父母心与心的沟通。所以，无论你的工作再忙，无论你的生意再大，也别冷落了家里的那个"小王子"！

3.教育像煲汤，要用文火

教育就像煲汤，不可能一蹴而就。

闹闹的好奇心特别重，看到妈妈给他买的玩具小车，就会问为什么小车会自己走；看到毛毛熊躺在沙发上，就会问是不是毛毛熊生病了……

爸爸妈妈工作忙，一开始还耐心地告诉他，后来慢慢便不管了。

闹闹长大一点后，好奇心开始不局限于问了，而是开始"研究"。闹闹的研究方式是动手，他把小火车用小锤子砸烂，把毛毛熊用剪刀"解剖"，爸爸妈妈为此非常头痛。

这天，闹闹又闯祸了，他趁着爸爸在外面洗车的工夫，把爸爸的手表拆开了。当然，闹闹不是专业的修表匠，而是暴力拆解。洗完车的爸爸回来非常生气，看到自己好几千块钱的手表变成了一堆小零件，一气之下把闹闹打了一顿。

闹闹哭了半天，从此以后变得对什么都提不起兴趣，见了爸爸还躲躲闪闪的。这时候，爸爸才知道，自己当时太急了，闹闹到现在还不知道为什么挨打呢。

小男孩比较调皮，事例中的闹闹因为好奇，破坏了爸爸心爱的手表。爸爸没有耐心地告诉闹闹这种破坏行为的错误，而是一气之下粗暴地把他打了一顿，结果使闹闹的心理蒙上了阴影，失去了原有的天真烂漫。

这个故事，告诉了我们这样一个道理：对男孩的教育不要着急，孩子自有其成长过程，家长对此必须沉住气。还有，家长对男孩的教育要有耐心，不要怕他成长得慢。要给男孩犯错的机会，给男孩成长的时间，这就如煲汤一样，要用文火慢慢地煲。

也许你会觉得，快速教育才符合当下节奏，才能培养出一个顶天立地的男子汉。然而，生活不是童话，男孩的教育无法速成，不经历岁月的种种磨砺和锤炼，不经历父母的耐心打造，男孩这块钢铁又如何炼成？正所谓"十年树木，百年树人"，教育不是一蹴而就的事情，只有文火慢炖，才能把男孩打造成百炼成钢的精英。如果家长仅仅寄希望于短时间的教育，那么，就太急于求成了，欲速则不达，甚至会产生相反的效果，影响男孩的健康成长。

那么，什么才是家庭教育中的"文火"？

(1) 家长忍住自己的急性子

有的家长自己是急脾气，干什么都图一个"快"字。然而教育男孩不是练武术，以快为尊、唯快不破。对男孩的教育，缺乏耐心可不成。

拿着一大一小两个苹果，母亲问熠熠："要大的还是要小的？"

熠熠本能地说："要大的。"

妈妈一听，立刻板起脸来把熠熠批评了一顿："小小年纪，就知道要大的，不知道应该把大的留给妈妈吗？人家孔融跟你一样大的时候，就知道把大梨让给哥哥，你倒好，等你大了妈妈还能指望你养老吗？"

熠熠苹果没吃到，却吃了一顿训斥，委屈地哭了起来。哭够了，他悄悄地问爸爸："恐龙也吃梨吗？"

爸爸愣了，疑惑地说："什么恐龙？有的恐龙吃草，有的恐龙就只吃肉。"

"可是，妈妈说恐龙四岁的时候就把大梨让给哥哥吃。"

"哦，"爸爸这次明白了，"你说的是孔融吧，来爸爸给你讲讲他的故事……"

故事中的妈妈，出发点是好的，教育儿子懂得谦让，懂得想着别人。然而，她的脾气太急躁，儿子还不知道"孔融让梨"的故事，你拿这个教育他有用吗？所以，哪怕你的情绪再急躁，也不要在教育孩子的过程中表现出来。

(2) 忍忍火，先别急责罚

通常来说，父母选择暴力对待孩子，往往都是一瞬间的事情。火一上来，就什么都忘记了。但是，如果我们可以按捺住暴躁的情绪，让自己忙点别的事情，那么用不了多长时间，你的拳头就会渐渐软下来。

华子是个二年级的学生，这天放学回家后，他兴高采烈地找到爸爸，说："放学时老师叫我们几个留下来值日扫地，可我们商量好回家看动画片，就一窝蜂地跑了，把老师气得在后面直跺脚。"说罢，就拧开电视看动画片了。

爸爸一听，顿时来了脾气，握着拳头就想揍他。不过，他深知暴力的危害，于是强忍着，温和地说了句"是吗"，然后走出门去散步。

吃完晚饭，爸爸感到自己的情绪已经稳定，于是坐下来与华子面对面地沟通，让孩子说说这事做得对不对。华子意识到了自己的错误，诚恳地向爸爸认错。爸爸又问他："那你知道该怎么做了吧？"

华子说："要向老师认错，保证以后做一个爱劳动的好学生。"看到孩子既承认了错误，又懂得如何改正，爸爸这才轻松地笑了。

试想，如果华子的爸爸一开始就打骂孩子，那么结局一定不会如此完美。所以，当孩子犯了错误的时候，当你怒不可遏的时候，不妨分散一下自己的注意力。等到火气渐消时，再与他进行沟通。这样，孩子既不会遭受皮肉之苦，又能吸取教训。

(3) 耐心等待男孩成长

每个男孩都不可避免地要经历不成熟的阶段，这是自然规律。不管他多聪明，成长都要一步一个脚印地来。在这个阶段，家长要耐心等待他，不要急于伸手帮忙，也不要急于否定他们看似笨拙的摸索过程。

比如，孩子一开始系鞋带的时候，往往不是系成父母期望的美丽的蝴蝶结，而是一个解不开的疙瘩。但是，父母不要着急，相信他一定可以学会，只要耐心等待就好。

(4) 多给男孩一点欣赏

有一个小男孩参加一个电视节目，说自己的理想是当一个飞行员。主持人问他："如果有一次，你驾驶的客机没有燃料了怎么办？"那位小男孩说自己会背上降落伞跳出去。

主持人和观众都哈哈大笑，人人都以为这个孩子的意思是丢下乘客独自逃生。但是主持人发现这个孩子的眼里有泪光闪动，就多问了一句："你为什么要跳伞呢？"

结果这个小男孩回答："我要去拿燃料，我还要回来开飞机。"

在生活中，有的父母喜欢问自己的孩子："儿子，我们老得走不动了的时候，你管不管我们啊？"也许孩子会一脸无辜地说不管，这个时候，作为父母千万不要为此勃然大怒,说你个小家伙没有良心。要知道,你的儿子只是还没明白自己的责任而已,等他长大了以后,不见得就一定不能成为孝子。对于认知水平有限的男孩,父母应该多给他一点时间,多给他一点欣赏,慢慢等他成熟起来。

父母要记得,教育孩子不是一件轻松的事。就像煲汤一样,不可能一蹴而就。所以,我们必须平稳自己的心态,用和风细雨的态度引导男孩的成长。

4.成功没有捷径,让男孩一步一个脚印成长

只有经历日积月累,成功才会水到渠成。

王献之是历史上的著名书法家,而他的父亲王羲之,同样也是赫赫有名的书法家。由于耳熏目染的缘故,在王献之还很小的时候,就对书法产生了兴趣。

有一次,王献之去找父亲,问能不能把写好字的秘诀告诉他。于是,王羲之指着院里的18口水缸说:"秘诀就在这水缸里,你练字能把这18口水缸里的水用完,就知道了。"

等到三缸水用尽的时候,王献之自以为差不多了。一天,他写了一个"大"字,给父亲看,父亲什么也没说,在那个"大"字上加了一点。他又拿着这个"太"字给母亲看,结果母亲说:"我儿费尽三缸水,唯有一点像羲之。"王献之听后,大为惭愧,那一点就是父亲写的。

从此以后，王献之不再骄傲自满，开始潜心钻研，比以前还要努力，多年如一日，终于成为一位与父亲齐名的大书法家。

父母要让男孩知道，自古以来，没有人可以轻松获得成就，成功没有捷径可走，有多少付出才会有多少收获。男孩吃的用的，都是父母的辛苦劳动换来的，男孩要想将来有所成就，也必须要自己踏踏实实地付出努力才行。如果让男孩懂得了这样的道理，那么父母就是给他留下了一笔最宝贵的财富了，而这笔财富比留给他金钱、豪宅、名车都要有意义得多。

古今中外，那些有所成就的人，很少有守株待兔等来成功的，他们的成就无不是一步一个脚印，踏踏实实地干出来的。欲速则不达，只有经年累月地积累，才能够厚积薄发，成功那令人瞩目的耀眼光芒背后，是长期的辛勤积累。

孩子是父母栽下的一棵小小的树苗，在爱的浇灌下成长，长成栋梁之才是每一个家长的殷切期望。我们都知道，拔苗助长只能适得其反，而长势过旺的树苗也会根基不稳，材质不佳，无法担当重任。

只有那些经过了时间的积淀长成的参天大树，才能成为栋梁之才。那一圈又一圈密密麻麻的年轮，无不见证着这棵幼苗成长过程中遭遇的风霜剑雨，和他每一步成长留下的坚实脚印。

所以说，要让孩子成才，就不要让他走捷径，而要让他一步一个脚印地经历成长中的一点一滴。这就像建一座宏伟的大厦一样，只有把基础打牢了，大厦才能站得高站得稳。因此，培养根基牢固的"男子汉"，需要遵循以下几个原则。

(1) 让男孩从小懂得没有付出就没有收获的道理

父母可以现身说法，告诉男孩自己的奋斗史，让男孩懂得父母给他提供的良好生活条件都是通过努力、通过辛苦的劳动换来的。同时，还可以让男孩通过力所能及的劳动来换得报酬，比如让男孩洗碗换取零用钱，等等。另外，还可以用一些生动的故事教育男孩，比如《守株待兔》。

总之，父母要让男孩懂得要得到某些东西，或者获得某种成功，就必须靠自己努力去争取。哪怕自己再聪明，如果不去一步一个脚印地扎扎实实地下工夫，那么一切也都是奢望。

(2) 让男孩踏踏实实地努力，不能投机取巧

成功没有捷径可走，投机取巧即使能够获得一时的风光，但是绝不能长久。这就是为什么有些男孩很聪明却总与成功绝缘的根本原因。他们总想着用歪门邪道来获取成功，以为成功可以不费吹灰之力获得。所以，父母要让男孩懂得，做事情要踏踏实实，一步一个脚印，这样的成功才最扎实。

达·芬奇从小勤奋好学，善于思考，尤其对绘画有着特别的爱好。

有一天，达·芬奇在一块木板上画了一些蝙蝠、蝴蝶、蚱蜢之类的小动物。他的父亲觉得不错，于是把他送到画坊去学习。

老师教达·芬奇的第一课就是画鸡蛋，结果一画就是一年。这时候，达·芬奇不耐烦了："老师，为什么老是让我画鸡蛋呢？"

老师说："别以为画鸡蛋很简单，在1000只鸡蛋当中，从来没有两只是完全相同的。即使是同一只蛋，只要变换一个角度，形状便立即不同了，画好它可不容易。绘画，基本功是最重要的，你不要浅尝辄止，要耐心地画下去啊！"

老师的话，让达·芬奇恍然大悟。从这以后，他更加刻苦认真地画起来，终于成了一名了不起的画家。

父母教育孩子，就要像例子中的老师一样，教育男孩耐得住性子，踏踏实实地把事情做好。只有经历日积月累，成功才会水到渠成。反之，总是想着投机取巧，那么天赋也会因此而渐渐流逝。

(3) 让男孩懂得持之以恒

一位年轻的读书人向陶渊明请教为学之道："不知道读书求学可有什么妙法？"

陶渊明带着他走到屋外田园边，指着其中一颗禾苗，说："你仔细看看，禾苗是不是在长高？"

读书人看了半天："我没有见到禾苗长高。"

"年轻人，这禾苗时时刻刻都在生长，只是我们看不出来。读书也是这样，学问得一点一点地累积增长。只有勤学不辍，持之以恒，才能成功。"

父母要让男孩懂得持之以恒的道理，不论是求学还是做事，都应有恒心，只要能够坚持下去，假以时日，自然能有一番成就。

想要让孩子做到这一点，单凭乏味地讲道理是不可能的。在阐述道理的同时，我们还要通过实践，例如让孩子挑战一些难度较大的任务，以此磨砺他的耐性。当看到孩子不耐烦时，我们可以对他说："我想，这次成功也是你追求的。虽然现在来看，它的确有一定难度，但你已经完成了一半，这就说明你的能力不差。而能不能取得成功，现在就看你自己能否坚持！"

当孩子通过一次坚持而获得成功后，他会感到：这次的成功更让自己兴奋，更让自己珍惜。这样一来，持之以恒的习惯就会养成。

(4) 少夸孩子聪明，多夸孩子努力

有些人会认为有才能、有成就的人从小就是天才、神童，而一般人再努力也没有什么用。这种想法是错误的。人的智力虽然是有差别的，但是天才跟白痴的几率一样稀少，大部分人的差别并不是很大。所以说，父母不要把"儿子你真聪明"、"儿子你是个神童"之类的话挂在嘴上，要夸儿子的努力，而不是聪明。

比如，儿子数学考了满分，不要夸儿子天生就是学数学的料，而要夸他课后还做练习巩固知识的努力行为；孩子书法比赛获得名次，要夸他每天都不间断的练习，等等。

懂得努力的男孩，才能够攀登人生的高峰；不懂得努力的男孩，即使天资如何过人，最终也免不了沦落成"方仲永"。你的孩子是哪一种，这就要看你的"培养教程"了！

5.培养男孩的耐心，告别急躁火爆

浮躁的孩子，是很难取得长远的成功的。

年轻时候的齐白石特别喜爱篆刻，但他对自己的篆刻技术很不满意。于是，他虚心地向一位老篆刻艺人求教，老篆刻家对他说："你去挑一担础石回家，要刻了磨，磨了刻，等到这一担石头都变成了泥浆，那时你的印就刻好了。"

于是，齐白石就按照老篆刻师的意思做了。他挑了一担础石来，一边刻，一边磨，刻了磨平，磨平了再刻。每天，他都在这种枯燥的日子中度过,耐心地重复着仿佛没有尽头的篆刻工作。他的手上不知起了多少个血泡,就这样日复一日,年复一年,础石越来越少,而地上淤积的泥浆却越来越厚。最后,一担础石终于被他用完了。

就这样,齐白石终于把篆刻艺术练到出神入化的境界。

现代社会,是一个浮躁的社会,很多人想着一夜成名,一飞冲天。但是,理智的父母,却绝不会将这份浮躁带给孩子。因为,浮躁的孩子,是很难取得长远的成功的。

能否保持一份耐心,这正考验着一个人的意志品质。常听到一些家长抱怨自己的孩子:"我这孩子并不比别的孩子笨,就是没耐性,做事总是虎头蛇尾,半途而废。"没有耐心,乍看上去不是什么大毛病,其实,却是影响男孩一生的大问题。

古人说,行百里路半九十,很多男孩在开始某一件事情的时候轰轰烈烈,但是只有三分钟的热度,很快就偃旗息鼓了。这样的孩子,即使离成功很近,但仍会与成功无缘。真正卓越的成就,往往需要经年累月的积累。而一个没有耐性的男孩,又怎么能取得傲人的成绩呢?这不仅关系着他的幼年和少年时期,更关系着他的未来工作的成败和人生角色。

当然,男孩的耐心并不是天生带来的。所以,我们不要指责孩子太过急躁,静不下心。我们唯一要做的,就是培养孩子的耐心。

(1)家长做事不要虎头蛇尾

男孩很多时候是把家长当作他们的榜样,家长的行为对孩子有着非常大的影响,他们会自觉不自觉地模仿。所以,要想让孩子有耐心,父母必须就要改变自身行为,杜绝那种半途而废的做事方式。

比如,有的家长做家务风风火火,还没擦完玻璃就抓起扫帚扫地,还没拖干净地板就去收拾垃圾。这些做法都要改变，做什么事情，一定要有始有终，要让孩子看到，父母在开始一种新的活动之前，会先完成前一个活动。只有这样，才能引导孩子培养做事有始有终的良好习惯。

(2) 让男孩明白"等待"的含义

当男孩迫不及待地想得到什么东西的时候，父母可以有意识地培养他的耐心，告诉他，需要等一会儿他才能得到。比如儿子想看动画片，妈妈告诉他："这会儿你可以唱一遍《找朋友》，唱完了妈妈就给你拿。"或是让孩子从1数到10，这样，孩子就会逐渐学会"等待"，明白耐心的意义。

妈妈在跟客人说话，3岁半的熙熙一个人在沙发上摆弄玩具。过了一会儿，熙熙对妈妈说："妈妈，我想吃香蕉。"

妈妈说："等一会儿。"

客人说："赶紧给他拿吧。"

"没事的，等会儿给他就行。"

看到熙熙在沙发上耐心地等着，客人很奇怪："熙熙这么听话啊，我儿子要什么晚一点都不行，不然就连哭带闹的，甚至会打滚儿。"

原来，妈妈早就让熙熙学会了"等待"，他知道哭闹是根本没有效果的，因此只能乖乖地耐心等着。

所有的男孩都是讲道理的，当他明白只有等待才能得到想要的，自然就不会显得那么急躁。

(3) 在日常生活中对孩子进行耐性训练

一般来说，很少有孩子愿意保持耐心，这是由于他们的认知能力决定的；但与此同时，他们又很喜欢游戏，喜欢与别人竞赛。了解到这一点，只要我们合理运用竞赛,将耐性训练融入游戏之中,那么就会取得良好的效果。

玉成是一个缺乏耐性的孩子,他只爱看电视和玩游戏,对书本不感兴趣,通常看1分钟就把书放下了。

一天,父亲拿来了一个秒表,玉成感到很好奇,想试试这个秒表。于是,爸爸跟他约定,看看谁能坚持1分钟不眨眼睛,玉成感到很有趣,于是答应了。

结果,爸爸和玉成不分胜负。爸爸故意"不服气"地说:"哼,要是比其他的我肯定赢。"

"比什么?"

"咱们看谁能坚持读3分钟书。"爸爸"诱惑"他。

玉成的好胜心上来了:"赌就赌。"

爷俩开始大声朗读起来,爸爸偷偷看着秒表,快到3分钟的时候停了下来,故意输给了玉成。结果,玉成以后经常拉着爸爸玩这个游戏,时间从3分钟变成5分钟、10分钟、半小时。通过这种游戏,如今的玉成,把读书当成了最大的兴趣爱好!

爸爸通过孩子感兴趣的东西,使孩子的注意力在一定时间内专注于他本来不喜欢的读书活动上,久而久之,孩子形成了习惯,也就提高了耐性,是一个两全其美的好办法。

(4) 暂时转移孩子的注意力

如果男孩在你谈话的时候非要打断你,此时你该怎么办?大声地训斥他还是不理不睬?

很显然,这些方法都不好。其实,想要让孩子耐下心等待,我们可以给孩子一个没见过的小东西，以此转移他的注意力。当他的注意力放在那东西上时，你已经结束你的谈话了。

另外，父母还可以对男孩的耐心进行奖励，这奖励不一定是物质，有时候可以是一句表扬的话。比如，当父母打电话的时候，孩子来要求你带他出去玩。父母可以说："当我打电话的时候，我需要你安静1分钟——也就是画张画儿的时间。"

如果孩子安安静静地等待了这1分钟，你要这样表扬他："当妈妈说话的时候你能自己玩，你真有耐心，妈妈为你感到自豪！"然后领他出去玩。

爱因斯坦曾说："耐心和恒心总会得到报酬的。"培根也说过："无论何人，若是失去耐心，就是失去灵魂。"让孩子成为新一代的爱因斯坦和培根，相信这是每一个父母的梦想。所以，去培养孩子的耐心吧，让孩子和那个曾经急躁火爆的小家伙彻底划清界限！

细节 7 | 视野：如何教出眼界开阔、志在四方的男孩

这个世界瞬息万变，为了让男孩将来
能够更好地融入社会，父母要帮助他开拓视野，
把眼光放长、放远。好男儿志在四方，
让男孩放眼世界，着眼未来，
用梦想超越一切。

1.让男孩在大自然中快乐成长

大自然是世界上最有趣的教师。

草长莺飞的三月,爸爸妈妈利用周末带乐乐去近郊的野外游玩。妈妈说:"今天我们去倾听大自然的声音!"小乐乐兴奋异常,他一直在幼儿园上学,还没有去过郊外呢。

到了郊外,妈妈引导乐乐:"儿子,听到没有,那'哗哗、哗哗'的声音是什么呀?"

乐乐说:"妈妈我知道,那是小溪流水的声音,小溪很开心,它在唱歌呢!"

妈妈领着乐乐走过小桥,沿着一条乡间小路,向一座小山上攀登。微风吹过嫩绿的小草,扑面而来的清草味儿令人心旷神怡,乐乐开心地笑着、跳着。

妈妈让乐乐注意听着虫鸣鸟叫,让乐乐用心捕捉微风吹过树梢的声音、注意观察拔节的小草……

下山的时候,他们还发现了一群在山坡上吃草的山羊。一走近它们,它们就"咩咩"叫着跑到路边的草丛中去,乐乐开心地学着它们的叫声。回到了家里,乐乐跟妈妈说:"妈妈,下周我们再出去玩好不好,我还想看看农民伯伯是怎样种田的!"

一位外国教育学家曾说过："大自然是世界上最有趣的教师，它的教益无穷无尽。"在大自然中，人人都是儿童。在大自然的怀抱中，不仅孩子会感到无忧无虑，就是大人也会卸下生活和工作中的疲惫，荡涤心灵。中国著名的儿童画家温泉源也曾说："我为孩子们画画，画故事连环画，画童话插图，就得像孩子那么想，那么看，于是嘛，也就有一颗童心啦！"

是的，父母要让男孩健康快乐地成长，同样也要把自己放在孩子的位置上，体会孩子的快乐，分担孩子的忧愁。而经常带孩子走进大自然，则是营造这种氛围的最佳选择。

大自然是一个美丽的世界，它的千姿百态，胜过世界上任何一位教育专家。父母带孩子走进大自然，可以培养孩子的观察能力，培养孩子对事物的直观感受，而且从中得到心灵的净化。朝霞晚露、小桥流水胜过最优美的语言；山川河流、原野沃土是大自然奉献给孩子最宝贵最生动的教材……

所以说，带孩子到大自然中实地观察、感受，不仅能让他增长知识，还能陶冶情操，美化内心世界。相对于整日关在家中的孩子，经常接触大自然的男孩视野更加开阔，心胸更加宽广，志向更加高远。

当然，带着孩子走进大自然，这绝不是走马观花那么简单。以下几点，我们必须要注意。

(1) 让大自然成为亲子关系的纽带

谭征的爸爸是个奉行大男子主义的人，严厉有余，亲切不足。因此，谭征从小就跟妈妈更亲近，而跟爸爸日益疏远。

一个周末，妈妈出差了，爸爸不知道该怎样跟儿子度过这一天。于是，他决定带着谭征到野外去玩，爸爸带上渔具，带上给儿子买的风筝出发了。

谭征看到绿油油的草地，兴奋地打起了滚。

大自然让人放松，谭征好像忘了爸爸的严厉，拉着他放风筝。看着快乐地奔跑着的儿子，爸爸终于放弃了自己钓鱼的想法，从儿子手里接过风筝线，迎风奔跑起来。他突然觉得："经常带儿子出来玩玩，还真不是什么坏事！"

父母们多带孩子到大自然中去玩耍，更容易跟孩子打成一片，营造和谐的亲子关系，这样更有利于平时的家庭教育。所以，在投入大自然之中时，父母就不要再绷着脸，不要再刻意表现出严肃了。学着去放松，和孩子打成一片，这时你就会发现：原来自己离孩子的距离并不是那么远！

(2) 在大自然中发掘男孩的想象力

妈妈带着元元到植物园春游，见元元对那些五颜六色的花儿很感兴趣，就问他："花儿为什么会开放啊？"

元元说："花儿睡醒了，想出来看太阳。"

妈妈又问："花儿喜欢春天还是冬天呀。"

元元说："春天，春天暖和，冬天会感冒的。"

妈妈又说："元元喜欢花吗？"

元元说："喜欢，下次来的时候我把玩具带来，让它玩，跟它交朋友。"

在孩子的眼中，大自然是非常美妙的，可以说，大自然有利于触动儿童的灵感，打开儿童思维的闸门，激发他们丰富的想象力。而想象力正是孩子创新思维的基础，因此，父母要尽可能多地让孩子接触大自然，让孩子拥有超越天空般的广阔的思维。

(3) 让孩子在大自然中暂时忘记烦恼

孩子也会有困惑和烦恼，但有的孩子因为没有类似的经验，可能会长时间地纠结于某一个问题。在这个时候，父母可以带他接触一下大自然，让他暂时忘掉烦恼。

比如，当孩子遇到一个难以抉择的问题时，父母可以带他出去爬山，告诉他："人生就像登山，平坦和崎岖的道路都有。有些事情一时不能选择，那么就出去走走，暂时忘记它。等你到了山顶，说不定会有'柳暗花明又一村'的感觉，豁然开朗了。"这样，当孩子遇到问题时，就不会感到迷惑，而是采取暂时放一放这种方法找到答案。

(4) 让男孩在大自然中呐喊

呐喊是一种宣泄情绪的途径，人在郁闷的时候可以高声呐喊，在激动的时候可以大喊，在开心的时候依然可以通过呐喊表达。尤其是当看到孩子陷入郁闷之时，更应鼓励他在大自然中大声宣泄出自己的情绪。

建成高考失利，只能上一个专科学校。为此，他把自己关在屋里，整天愁眉苦脸。爸爸见此，就让他背上背包，跟自己去爬当地的一座山。在路上，建成憋着一口气，脚下生风，很快就把爸爸抛在了后边。

等到爸爸到达山顶的时候，发现建成在那里大喊："我一定会更努力的！这是一个新的开始！我要加油！"

爸爸欣慰地笑了，他知道儿子已经走出了阴影，从此会大踏步地走向未来。

呐喊，可以提振精神、给人勇气，特别是郁闷的时候，呼出积郁在胸中的浊气，就是蓬勃新生的开始。因此，父母在男孩失意的时候，可以给他创造一个呐喊的机会,而空旷的原野和高高的山顶,就是不错的选择。

总之,让孩子投入大自然获得放松,让他暂时忘记烦恼,这有助于培养男孩自我调节的能力。所以,只要有机会,你就一定要带着孩子走进自然,让孩子在天与地之间感受前进的动力!

2.让男孩从电影中获取正能量

电影可以给孩子带去直观的感觉。

王玉刚意外地当上了班长,但是他自己却显得一点也不高兴。爸爸好奇地问道:"小刚,好多人都争着当班长,为什么你当上班长却这么垂头丧气?"

"爸爸……"王玉刚张了张嘴,却又把话咽了回去。

"哎,你这孩子是怎么了?你还没面对同学们呢,就这么不敢说话!"

王玉刚吞吞吐吐地说:"爸爸,不是我不想当,只是……只是我想到以后要在那么多人面前说话,我就感觉害怕……"

听了儿子的话,爸爸没有出声。他明白,王玉刚从小性格就比较柔弱,想凭借三言两语就唤起他的勇气是不可能的。可是,究竟该怎么做才能让孩子敢于接受班长这一职务呢?

第二天,爸爸买了一大套《霍元甲》、《黄飞鸿》的光碟,每天都陪王玉刚看上两集。他想到,武侠片里的那些大侠曾经也有过柔弱,但是经历了一些事情后，他们变得坚强，最终更是万人敬仰。让孩子看看这些，是不是也会有一定的效果？

一个月后，爸爸欣喜地发现，王玉刚不再像过去那么柔弱，说话也有力了许多。于是他急忙问道："小刚，现在对班长这个职务还反感吗？"

"不了，我现在特别喜欢。"

"为什么？之前你不是很讨厌吗？"

"我以前是不敢当，可是自从看了这些武侠片后，我才发现做一个班长，比霍元甲他们遇到的问题简单许多。人家黄飞鸿都敢一个人打洋人，而我却连班长都不敢做吗？要是那样，我可真不配当李连杰的影迷！"

通过经典武侠片，王玉刚能够感受到一种力量在体内不断沸腾，这就说明，武侠片能够给人坚强的暗示，让自己不再惧怕问题，而是鼓起勇气接受挑战。

电影给孩子带来的感觉是直观的，全方位的。通过电影，孩子能够看到这个世界的缩影，受到强烈的暗示。孩子在看电影的时候，会无意识地对号入座，拿电影里的人物和自己对照，希望自己拥有他们的优点，而规避他们的缺点。

男孩都有一个"大侠梦"，所以，如果在电影里看到一个正面人物，而自己的行为和英雄人物的形象发生冲突时，他就会明白自己做得不好，从而改变自己，让自己向着理想的人物形象靠拢。

因此，相比较其他的教育方式，声、光、电全方位结合的电影对孩子的冲击更强，影响也更深。如果父母能陪着孩子一起看适合他们的电影，让孩子从电影中的人物身上得到力量，那么他们就会自觉地为自己寻找榜样。

当然，父母要明白的是：看电影并非是上政治课，这其中还有很多的细节需要注意。

(1) 为男孩选择合适的电影

现代社会，电影是一个巨大的产业，每年都有不少新作品面世，由于我国还没有电影分级制度，因此，哪些适合儿童看，哪些适合成人看还需要父母自己斟酌。一般来讲，影城都会指出哪些是儿童电影，比如《里约大冒险》就很适合孩子看。诸如那些过于血腥暴力的电影，即使再有教育意义，也还是让孩子少看为妙。毕竟，孩子的认知能力有限，不可能像大人一样，洞悉电影的内涵。

(2) 引导男孩从电影中获得教育

与讲故事一样，电影也能给孩子带来暗示，比如，武侠片中的大侠勇敢正直、勇于担当、不屈不挠的精神，坚强如铁的意志，等等，这些都是如今独生子女所缺乏的。而孩子对偶像、榜样会格外崇拜，所以自然而然地，他们就会受到引导，用"大侠"的标准要求自己。

"小霸王"小胖看了动画片《哪吒闹海》之后，回家的路上一直没有吭声，爸爸问他："怎么了，不高兴吗？"

"不是，我昨天抓了小丽的辫子，把她弄哭了，我是不是不对呀？"

"为什么这样问呢？"

"因为哪吒帮助小朋友降伏恶龙，送他们回家，并且也从来不欺负小朋友。为了保护村民，他不顾自己，可是我却欺负别的小朋友。"

"你能认识到自己的错误很好，那你是不是应该跟小丽道歉呢？"

第二天，小胖放学回来，兴冲冲地跟爸爸说："爸爸，我今天向小丽道歉了，我还帮她荡秋千呢，我们现在是好朋友了。"

(3) 别把电影当政治课

电影对男孩的影响是潜移默化的,是营造一种心灵情境。父母切不可操之过急,如果想通过一部电影对男孩进行立竿见影的教育,把电影当成了政治课,让男孩带着完成任务的心情去看,那么只会适得其反。

星期天,小旭兴奋地拉着妈妈说:"妈妈,妈妈,你答应我今天去看电影的。"

"好的,"妈妈说,"听说影城最近在放一部爱国教育片《小兵张嘎》,妈妈带你去看好不好?"

"好啊好啊。"小旭说,"是小八路的故事吗?"

"是的。不过,看过回来你要写观后感,知道吗?不能白看。"

"啊?还要写作文啊。那算了,我不去了。"小旭闷闷不乐地回了自己的房间。

十年树木,百年树人,教育需要慢工夫,家长不可急于求成,让孩子在看电影中接受教育是很好的想法,但是强制孩子写观后感,只能引起孩子的逆反心理。有感而发,这样的观影日记才是最有效的。

(4) 帮孩子认识"反面教材"

一部电影里面,有好人自然有坏人,有正面影响自然也有反面事例,对于电影中的反面教材,家长要让自己的男孩引以为戒。比如,某些电影形象表现的懒惰、贪婪、暴力、不思进取,等等,家长一定要旗帜鲜明地告诉孩子,那些行为是不可取的,需要他们在自己的身上坚决杜绝。

通过电影来教育孩子,这比说教更有效果。当然,在为孩子选片的时候,我们可不能大意,不要让那些不健康的电影影响了孩子的人生观与价值观!

3. 讲故事：提高男孩情商的有效途径

故事是儿童认识世界的一个窗口。

小虎长得虎头虎脑，可是就是不肯自己吃饭，总是让妈妈喂他。为了改变他的这个习惯，妈妈想出了许多办法，但效果都不明显。这天，她听取了一位教育界朋友的建议，给小虎讲了《小河马吃饭的故事》。

每天吃饭时，小河马就围好饭兜兜，等着妈妈来喂饭。小青蛙看见了，就笑话小河马："呱呱呱，小河马，难为情，吃饭还要妈妈喂。"小河马听了，头一歪，嘴巴一撅："就要妈妈喂。"

有一天早晨，妈妈把饭做好了，有事要出门，就让小河马自己吃。可小河马就等妈妈回来喂他，太阳老高了，妈妈还没回来，小河马饿得直哭。小青蛙只好来帮忙，可是它个子太小了，小河马嘴巴又大，喂了半天才喂了一口，累极了。小河马不停地大哭："妈妈快回来呀，喂我吃饭呀！"

小青蛙着急地说："小河马你自己动手呀，你快自己吃饭呀！你可以试试，很简单的！"小河马听了小青蛙的话，小心翼翼地拿起勺子，一口一口地把饭全吃完了。小青蛙高兴地说："小河马真能干。"妈妈回来了，看到小河马吃饱了饭，和小青蛙一起玩得那么开心，妈妈也高兴地笑了。

听完这个故事之后，小虎眨巴着眼睛说："妈妈，我也要像小河马一样，自己吃饭。"

孩子们都喜欢听故事，他们经常喜欢幻想自己就是故事里的主人公。听到上天入地无所不能的孙悟空，他们会幻想自己就是那个降妖除魔、一身正气的齐天大圣；听到不怕牺牲、把敌人带到包围圈里的王二小，他们又会幻想自己就是那个勇敢机智的放牛娃……

更重要的是，孩子们在这个过程中，还能不知不觉地发展逻辑思维力。因为，听故事，有助于提高孩子的口语表达能力，帮助儿童正确发音，掌握一定的词汇，以及组词造句。除此之外，也助于培养幼儿听读的习惯以及对文学作品的兴趣，开拓视野，让他明白更多的道理。

故事，是儿童世界不可缺少的一部分，是儿童认识世界的一个窗口。故事中的那些道理，是通过生动有趣的故事来传达的，远比父母的说教更具真实性。所以，男孩子可以从故事中找到自己解决问题的办法，在很多方面受到启示。

那么，父母如何让孩子在故事的世界里汲取更多的营养呢？

(1) 根据男孩的特点选择故事内容

给孩子讲故事要照顾孩子的特点，适合孩子的故事最关键，这样才能起到良好的教育效果。

通常来讲，给2~3岁的宝宝讲些动物、植物等故事比较适合，故事要短、形象要生动、情节要简单。4~5岁的宝宝正是发展想象力的时期，这时候，爸妈就可以讲些童话、民间故事了，故事形象可以丰富一些，内容中的词汇量也可以逐步增加。

等宝宝再长大些，就可以讲历史人物和寓言故事了，这些故事宣传爱国主义、富有哲理，是启蒙儿童思维和语言的好材料。

同时，在选择故事内容上父母也要倍加留心，要针对男孩的特点，引起他们的兴趣，使他们有身临其境的感觉，这样孩子才会愿意听你讲故事。

(2) 睡前故事很重要

有科学数据表明，在孩子临睡前，正是他们一天精神状态最稳定、最平静的时候，如果在这段时间给孩子讲一些美丽的、欢乐的及培养情感的故事，他们会很容易接受。

当然，讲故事也讲究循序渐进。开始的时候，讲故事的时间不要太长，时间控制在3~5分钟内，让孩子有个适应的过程，之后，就可以根据他们的注意力情况，适当增加或减少故事的长度。如果发现孩子注意力分散，思想不集中了，那就要及时打住，不要勉强，以免孩子对听故事产生厌倦心理。毕竟，让孩子听故事不是做作业，不必规定得那么严格。

(3) 让孩子参与其中

每次给孩子讲完故事，父母可以设计一些教育性、启发性的问题，鼓励孩子回答和参与。这样，他们的创造力和想象力就会被大大激发。

妈妈在给优优讲完《孔融让梨》的故事之后，问他："孔融把梨让给了谁？"

"他的哥哥。"

"孔融自己吃了一个什么样的梨？"

"小小的。"

"那下次妹妹来咱们家玩的时候，你要怎么做呀？"

"我把好东西让给妹妹吃。"

"对，儿子真乖。"

通过这样的问题，父母既能帮助孩子记忆故事情节，锻炼思维能力，又能使孩子从中受到教育，从而影响他的行为。

除了问答的方式，父母还可以让孩子试着复述，锻炼他的口头表达能力和记忆力，同时加深对故事的理解。

(4) 声情并茂，创设情境

父母在讲故事的过程中，不要只是把这件事作为例行事务，语气枯燥、干巴巴地念课文。为男孩子讲故事，也是为他将来的说话、写作储存资本。

因此，父母应该力求不断渲染故事环境，努力摆脱或掩蔽自己的身份，按故事角色形象的个性及特点来寓情于景，创设逼真的情境。同时，语言也要生动，多用形声字、象形字，充分运用肢体语言，只有自己讲得津津有味，孩子才能听得津津有味。另外还可以设置悬念，吸引孩子的兴趣，让他欲罢不能。

在淘淘上幼儿园的时候，妈妈经常给他讲故事，每次妈妈讲到精彩的地方就停下来，下面的故事让淘淘自己想象。

比如，讲到《龟兔赛跑》中，兔子停下来休息的时候，淘淘就着急地问："呀，兔子睡着了，它会不会被乌龟赶上呢？"

妈妈则启发他："兔子停下来睡大觉，而乌龟却一直没有停下自己的脚步，淘淘你说，勤奋乌龟会不会超过懒惰的兔子呢？"

"会。"

就这样，妈妈在讲出故事的结尾之前，总是先让淘淘想象一下。久而久之，妈妈发现这样不仅提高了淘淘的想象能力和思维能力，更是提高了孩子的语言表达能力。

如果父母的时间充裕,那么不妨亲自编故事,将孩子的真实生活融入故事之中,这样会更能帮助他做出改进。所以,只要你有这份能力,那么就请赶紧拿起笔,为他们编写一个美好的童话王国吧!

4.巧用社会活动锻炼男孩

让孩子学会感受外面的世界。

李琦的爸爸妈妈明白,孩子不能总窝在家里,因此经常带李琦去文化广场上玩。

这个周末的上午,李琦一家三口准备去广场上放风筝。刚走到广场,他们远远地看到很多人围在一个条幅前面。

李琦很喜欢看热闹,走近一看,原来是当地师范学院的大学生在搞募捐活动,为一位身患白血病的同学筹款。

看着照片上躺在病床上的大姐姐,李琦对妈妈说:"妈妈,那位姐姐好可怜啊,咱们帮帮她吧。把吃肯德基的钱捐给姐姐好不好?"

"好啊。"看到儿子这么有爱心,妈妈毫不迟疑地捐出了一百块钱,接着,妈妈问李琦:"儿子,你愿不愿意在这里跟哥哥姐姐们一起募捐啊,让更多的人帮助那个姐姐,你说好不好?"

就这样,李琦在广场上当了半天的"志愿者",帮助大学生一起宣传、募捐，度过了一个非常有意义的周末。

现在的很多孩子，对于社会活动接触的太少，平时从幼儿园回来就待在家里，小小年纪成了"宅男"、"宅女"。不要觉得"宅男"就是时尚，其实这非常不利于孩子的身心发展。

为什么这么说？因为，孩子的成长离不开环境。但家庭的小环境，会阻碍男孩子的视野，让他们的思维只能停留在巴掌大的地方。久而久之，孩子的思维能力会大大降低，甚至无法与人正常地交流，这非常影响他的未来发展。

对未来影响更大的是：现在的孩子独生子女比较多，很多家庭由于把孩子当作中心，导致孩子在进入社会之后极不适应。因为在社会上，并不是每个人都围着你转了，为此，有些孩子会心理失衡，处理不好周围的人际关系，产生诸多问题。

所以，带着孩子参加社会活动，这是每个父母必须履行的义务。父母们不妨想想，自己有没有带孩子参观名胜古迹，激发幼儿热爱家乡、热爱大自然的美好情感呢？有没有带孩子去参观环卫工人或交警工作的场面，激发孩子对他们的感激之情呢？有没有跟孩子一起参与各种爱心募捐、慰问敬老院的老人、参加植树等有意义的社会活动呢？如果你的回答是否定的，那么你就要进行反省了。

(1) 父母要认识社会活动的重要性

父母不要觉得，孩子年龄还小，怎么可能有合适的社会活动参加？其实，在现代社会中，有许多适合孩子参加的公益活动，比如下大雪了，家长可以带着孩子参与街头铲雪或清除树上积雪的活动，还有维护环境卫生、养护绿地、帮助残疾人和孤寡老人、为灾区捐物献爱心、宣传卫生常识等活动。通过这些活动，可以培养自己的孩子富有责任感、勇敢坚强、懂得分享、合作等优秀品质，而这些，正是一个优秀的男子汉立身处世所不可缺少的。

(2) 鼓励孩子参加社区活动，体验分享合作的快乐

由于现在的孩子都是独生子女，家庭和幼儿园、学校之间"两点一线"的生活方式居多，孩子很少参加社会公共活动。但是，倘若不接触到外面充满奥秘、多姿多彩的世界，孩子也就很难发现自己有什么特别的兴趣和爱好，也难以体会到人的社会性。针对这一情况，父母可以鼓励孩子参加一些适合他们的社会活动。

比如，在节假日的时候，带着孩子和礼物走进敬老院去慰问老人，并为老人做一些捶腿捶背等力所能及的事；带孩子去参加夏令营，让孩子学会团队合作……这些活动都能拓展孩子的视野，让他掌握更多的知识。

(3) 鼓励孩子参加学校或自发组织的活动

在美国，父母大都鼓励孩子参加童子军活动，他们把男童子军的功勋徽章活动，看作让孩子参加丰富多彩的活动、拓宽孩子视野的最佳方式。男童子军的功勋徽章活动设置了多种项目，参加者会得到成人专家的帮助和指导，他们在这些活动中往往受益匪浅。

这就是为什么美国的孩子看起来更独立的原因。中国没有童子军，但同样有学校和自发组织的各种活动。对于此，父母一定要鼓励孩子积极参加。

燕果参加了学校组织的"心连心活动"之后，一下子改变了许多。原来他每天回到家就坐在沙发上看电视，什么都不管。现在，他仿佛是脱胎换骨一样，每天回家抢着帮妈妈干活，吃完饭之后就乖乖地去写作业。

妈妈问他："儿子，你最近怎么变化这么大呀？"

燕果告诉她，这次参加学校组织的"心连心活动"，他们去了贵州乡下的一所学校，跟那里的孩子一起生活了一个月，受到了很大的教育。那里的孩子大部分穿得很朴素，放学之后没有什么娱乐互动，不是帮家里打猪草，就是去野外放牛。但是那些孩子非常勤奋好学，很珍惜读书的时间。自己感觉跟他们相比，太不懂事了，也太不知足了。因此，下决心要改变自己，让自己成为一个勤快、上进的好孩子。

(4) 做孩子的榜样，父母也要经常参加社会活动

父母切不可认为孩子参加公益活动是耽误学业、浪费时间，如果有条件，父母自己也应身先士卒，带头参加。

比如，家长可以利用休息时间带着孩子一起清理楼道或社区环境卫生，捡拾社区、车站等公共场所的废弃物，或在扶贫救灾活动中和孩子一起整理多余的衣物，并和他们一起到捐赠站捐钱捐物。当孩子看到父母积极做出行动时，他们自然也会产生投入其中的想法。

(5) 让孩子自己去闯世界

随着年龄的增长，男孩会产生摆脱各种束缚和各种依赖的一种独立倾向，其实这是男孩心理发展的一种正常现象。他们很想离开父母的庇护，期望得到旁人的理解和同情，盼望着早日迈入成人的社会之中，发展自己的独立性和社会性，依靠自己的力量闯世界。

欧洲的很多父母，都会让自己的男孩在高中的暑假里，利用自己的能力去邻近的国家旅游。这些小男子汉们往往是一个背包闯天下，他们通过打几天零工赚得路费，然后去下一个国家再打几天零工，这种经历不仅大大开拓了他们的视野，也很好地锻炼了他们的生存能力。我们也可以积极采纳这种方法，让孩子感受外面的世界，他的德智体必然会得到

全面提升。

做父母的，不仅要为孩子提供吃穿，也要为他们营造一个理想的外部环境，这也是非常必要的。所以，为了拓宽孩子的视野，父母们不妨让孩子实践"读万卷书，行万里路"的思想，鼓励孩子走出家门，在有意义的社会活动中锻炼自己，提升自己！

5. 让男孩把世界装在心中

父母要帮助孩子培养国际化视野。

约翰·戈达德 8 岁生日那年，慈爱的祖父送给他一份特别的礼物：一幅被翻得卷了边的世界地图。正是这幅花不了多少钱的地图，开拓了小约翰的视野，为他插上了梦想的翅膀……

这张地图让约翰·戈达德的眼光从小小的家乡转移到了全世界，让他的思想也超越了院子里四角的天空。看着这小小的世界地图，他突然产生了很多愿望：到尼罗河、亚马孙河和刚果河探险；驾驭大象、骆驼、鸵鸟和野马；读完莎士比亚、柏拉图和亚里士多德的著作；谱一部乐曲；拥有一项发明专利；给非洲的孩子筹集 100 万美元捐款；写一本书……他把 127 项愿望写在了励志的自勉书《一生的志愿》里。

约翰·戈达德少年时的梦想并没有随着时间流逝而消失，他的宏愿一直坚定不移，他按照自己记下来的愿望去规划着自己的行动。44 年过去了，书中的梦想一次一次地变成现实，最终他达成了 106 个愿望，成为了一位著名的探险家。

一个人的视野决定了一个人的高度，站得高才能看得远。视野开阔了，他的见识就会广博，见识广博了，他在做事情时就不会盲目，成功就容易得多。

是呀，要想让男孩的目光超越他所接触到的方寸之地，还有什么比一幅世界地图更合适的呢？

但是，很多父母却没有意识到这一点。现在太多的孩子，被父母"圈养"在家里，接触世界的方式只能局限于书本、电视、网络。或许有人会说，网络已经使我们的世界变成了小小的"地球村"，通过网络孩子可以了解很多。不可否认，网络改变了整个世界，鼠标一点，就可以奔赴世界各地。然而，这并不意味着它就可以代替那幅不起眼的世界地图。

一些男孩们不愁吃穿，却身在福中不知福，常常把"无聊"挂在嘴上，他们痴迷于电脑游戏里的打打杀杀，却没发现这世界上有更多有趣的东西。所以，送男孩一幅世界地图吧，让他把世界装在心中，他的思想可以穿越整个大陆，他的梦想可以超越一切。

那么，家长该如何让男孩放眼世界、着眼于未来呢？

(1) 让男孩"行万里路"

古代的饱学之士，无不在少年之时就开始游历名山大川，这是开阔眼界、增长见识的最好途径。像大诗人李白，就曾经"仗剑走天下"。游历能让男孩从小就受到良好的熏陶，热爱祖国的大好河山，从小立下大志，胸襟宽广。

一个名叫胡煜的中国男孩被牛津大学录取。胡煜参加"英国高考"A-Level 考试，13 门科目中有 12 门拿了满分，还有一门离满分仅差一分；雅思成绩是 8.0 分；英国奥林匹克数学竞赛获金奖。他先后被牛津大学、伦敦政经学院、帝国理工大学、伦敦大学、布里斯托大学等五所英伦名校录取。

胡煜并非天才，他只是个普通男孩，父母认为，他的特别之处就在于视野开阔。父母不是一味盯着胡煜死读书，而是注意开拓他的视野。小学的时候，去看上海周边的名胜古迹；到了初中，就去稍远一些的地方，如黄山、北京、西安、桂林；后来，就让孩子走出国门，去看看外面的世界——英国、日本、澳大利亚、新西兰。

胡煜广博的见闻，最终帮他叩开了牛津大学的大门。在牛津大学的面试中，话题涉及的领域非常广泛，既有中国、英国经济领域的热门话题，也有涉及能源、环保的问题。胡煜平时涉猎甚广，知识面较宽，自然对答如流，被录取自然也在情理之中。

这样的孩子，有哪所名校不喜欢？所以，多让孩子"行万里路"吧！

(2) 把世界的概念装入男孩心中

气魄大方能成就大，对男孩子来说，他的知识可以不丰富，但是胸襟不可以不宽广。只有胸怀世界，才能成大器。而想要胸襟宽广，他们就必须视野更宽，对这个世界有着充分的了解。

比如，家长可以给男孩一个小地球仪，对照着为他讲一讲世界上的各个国家，各个地区的名胜古迹、风俗民俗，各个国家的经济情况及发展趋势等。通过地图，可以让男孩从小就培养爱国情操。通过这些知识的了解，孩子就会明白这个世界到底是什么样的，自然会比其他小朋友看得更深、看得更远。

(3) 让男孩直观地接触这个世界

很多事物只通过电视画面或网络是根本不可能完全体会到的，因此，父母要给男孩创造机会，让他直观地接触这个世界，让他亲身去经历一些事情。这样他才会得到更好的认知，对各种事物的感知也才会更加深刻和牢固。

所以，父母要扭转思维方式，不要认为只有闭上门死读书才是学习，只有电视网络才能开阔视野。要有计划地让孩子到外面去，让他直观感受这个世界。像公园、动物园、植物园、广场、田间等都是好地方，在这些场所培养孩子的观察能力、理解能力、思考能力、动手能力，这比在家中和学校看书会有更好的和不可替代的效果。

如果父母担心孩子的安全，那么只要教给孩子自我保护的意识和方法即可，千万不要面面俱到。因为如何自我保护及自救，正是男孩们必须要学习掌握的内容之一。父母不是孩子的拐杖，有些事，必须让他自己体会！

6.带着男孩体会"下乡"的感受

走出去，男孩才知道外面的风景独好。

有一年"五一"劳动节期间，生活在广东湛江市区的不少家长，都带着孩子到农村去，让孩子在田间参与劳动，并与农户一起喂养家禽，以此培养小孩子吃苦耐劳的精神。

为什么这些家长要这样做？原来事情是这样的：孩子们放假后，经常相约上网、看电影甚至泡酒吧。因此，陈杰跟几位家长决定，"五一"劳动节带孩子到农村劳动两天，借此机会锻炼一下他们的意志。这次同来的有5个家庭，孩子们都是同班同学，平时就是很要好的伙伴，每到假期都喜欢一起玩。

开始时，孩子们都不愿意到农村，觉得不如在家里玩游戏有趣。有些孩子从小就以为农村很脏很臭，因此非常排斥。

然而，当这些孩子到了农村后，才发现并不是自己想的那样。他们发现，现在的农村到处都是绿油油的，道路也很干净。当他们自己亲手喂养家禽，和农民伯伯一起在农田劳动时，就有了一种自豪感。

经过学习村民在田间除草、施肥、采摘等农活，这些孩子们渐渐对劳动产生了兴趣，还认识了许多只在书上见过的农作物。几个孩子还相互比赛，看谁干得好，谁干得快。而且他们很快和当地的孩子们就打成了一片，玩得很热闹。

回到城里，他们把自己的劳动日记写上微博，附上皮肤被晒黑的劳动照，向博友们炫耀。在他们看来，这次"下乡"活动，比玩电脑、看电影更有意思！

现在的很多孩子一直生活在城市里，过着衣食富足的生活，很多人没有到过乡下，韭菜和麦苗不分，并不是什么稀罕的事情。这样的孩子，很显然在有些方面是存在不足的。

那些从来没有到过乡下感受一下的孩子，不仅仅缺失了田间的认识和劳动这一课，他们往往还不能切身感受到劳动的苦和累，也就同样体会不到收获后的喜悦。有的孩子铺张浪费，毫不珍惜父母给他提供的良好条件，很大程度上也是因为没有体会到"谁知盘中餐，粒粒皆辛苦"。

所以，我们越是爱孩子，就越是应该让他体会"下乡"的感受。通过这样的活动，孩子们就会拓展视野，了解到这个世界并不全是钢筋水泥构成的。这其中的好处，不仅可以让他们珍惜自己的幸福生活，还可以让他们看看外面的世界是什么样子的。有时候，走出去，男孩们才会发现自己是"坐井观天"，乡下的风景很美好。

(1) 让男孩懂得知足

没有感受过农村生活的孩子，有时总会陷入这样一种思维：所有的粮食，都是从天上掉下来的；所有的水，都是很容易就得到的。因此，他们自然铺张浪费，自然不懂得珍惜。

对于这样的孩子，我们非常有必要让他们感受农村。我们要让他们明白，现在拥有的一切，都不是轻松就可以得到的。

小轩是学校里的明星，每天一身名牌，在学校大手大脚，"豪爽"得很，不喜欢的东西随手扔掉……

对于此，爸爸劝诫过多次，可小轩却说："爸爸，旧的不去新的不来，我这是帮你花钱呢。你那么多钱不怕发霉吗？"把他爸爸气得够呛，却又无可奈何。

该怎么纠正孩子的这个毛病呢？爸爸决定带孩子回农村的老家，让他看看农村是怎么生活的。

看到老家里有些生活条件差的家庭里的生活，小轩大吃一惊。他们村子没有自来水，每天都要去很远的地方挑水喝；邻居家的小妹妹衣服已经穿了两年，有地方都打了补丁，可是到现在还舍不得扔。相比他们，自己竟然还不知足，小轩感到很惭愧。

回家后,小轩像是变了个人一样,再也不大手大脚了。

(2) 让男孩跟农村的孩子交朋友

带孩子到农村,除了能让孩子体验一下农村孩子的生活,给在城市中被娇惯的孩子上一堂生动的教育课,还可以让孩子的社交圈子更广一些,交些小伙伴儿。而与身边的朋友相比,农村的小朋友会在生存技能方面更具优势,这正是城市孩子缺乏的。

暑假期间,爸爸带慕枫到了乡下的老家。很快,他就跟当地的孩子混熟了,不仅跟他们一起去小溪流摸鱼,在山坡上玩耍,还经常帮他们放牛打草。有时候还给他们讲城里的事情,探讨学习上的问题。离开时,慕枫跟孩子们难舍难分,最后他们彼此留了通信方式,约定以后经常书信联系,交流学习上的事情和身边的趣事。

(3) 还给男孩天真自由的天地

农村长大的孩子,活动的天地非常广大开阔,从小就可以在土地上爬,接触地气,长大了,在田间小路上跑跑跳跳,甚至翻田埂,爬树爬竹……这种天真烂漫的生活,是城市孩子所缺乏的。

与此同时,农村和谐的乡邻关系,也给了孩子良好的成长环境,同一条街,同一个村,甚至是同一个片区的人们互相之间都认识,家长出门走到哪里都有人打招呼、聊天,孩子自然也会在耳濡目染中学习如何与人交谈。

当孩子的玩伴增多时,便会成群结队上山采野果吃、上树掏鸟窝……而这些也都是一种不错的经历。

(4) 增加男孩的常识

乡下有城里的男孩难得一见的东西，可以增加他们的常识。比如，放牧过黄牛和水牛，就会明白两者不同的习性；拔草喂养兔子，就能分辨出哪些草是兔子爱吃的；观察水田里的蝌蚪长成青蛙，就了解了两栖动物的某些习性；可以辨认出青蝉、灰蝉、红蝉，还有天牛、绿金龟子、黄金龟子、七星瓢虫等。

如果在山上，还可以看到灰毛松鼠、野鸽子、长尾雉，运气好的话还可以撞见肥肥笨笨的土拨鼠或者机灵的野兔，等等。这一切，都是城里孩子所没有接触过的。

其实，现在很多孩子的父母，当年也都是从农村里走出来的。相信对于当年农村的生活，如今的你一定会无比感激，它教会了你很多生活的真理，做人的真理。既然如此，我们为何不让男孩子也感受一番呢？

7.用名人的事例去激励男孩

成就感能让孩子获得源源不断的动力。

刘文强自幼跟着爸爸学习乒乓球，可是有一段时间，他却再也不愿意学习了。爸爸问他："文强，你为什么不愿意打乒乓球了？"

刘文强说："爸爸，我现在的水平已经很高了，在学校里我是最好的。而且，每天练球，太单调了。"

听完孩子的话，爸爸没有反驳，而是打开电脑，找了一段视频。视频上是一位用脚弹琴的年轻人，他失去了双臂，然而奏出的乐曲却比很多健全的人都要动听。

看完这段视频，文强非常吃惊。这时候，爸爸说："你知道么，你现在离高手的水平还差得远！打乒乓球跟弹琴是一样的道理，只有用功苦练，哪怕是先天条件不足，也能出成绩。和他比，你的条件多好，可是你却还喊累，还骄傲自满。"

刘文强惭愧地低下了头，说："我明白了，我会更加努力的。"

此后，刘文强更加刻苦地训练，后来在当地的中山杯比赛中获得了青少年组的冠军。

俗话说得好："台上一分钟，台下十年功。"想要在某个领域取得令人瞩目的成就，必须要有过人的毅力和辛勤的汗水，梦想一夜成名是不现实的事情，没有努力地付出积累，又如何拥有强大的竞争力呢？然而，如今的孩子们却越来越害怕苦和累，在兴趣过后就逐渐懒散，很多有天赋的男孩都半途而废。

很多父母会抱怨："孩子一开始很喜欢篮球，还哭着闹着让我给他报了培训班。怎么才练了一个星期就嫌累了呢？"是呀，孩子的热情一旦过去了，他们也就失去了继续拼搏的动力。如此，又怎么可能做出不俗的成绩呢？

其实，孩子最大的动力不是来自于父母的施压或者物质奖励，更不是一时的兴趣所致，而是内在的动力。如果父母能够让男孩看到那些名人成功背后的艰辛，让他的视野扩大一些，他们就会明白付出才有收获的道理，进而迸发出强大的动力，唤醒体内的积极因素。

那么，父母该如何让男孩从这些人身上学到成功的诀窍呢？

（1）善用对比，让男孩看到差距

让男孩学会对比，不仅跟那些名人对比，还可以跟身边的小朋友甚至是家长对比，从中让他感受到自己的不足，从而促使他积极改变。

有一次，郑华的妈妈和几个朋友一起吃饭，她带上了郑华一起去。去之前，妈妈对郑华千叮咛万嘱咐，一定要礼貌地跟阿姨打招呼，不可以讲脏话，有其他小朋友要懂得谦让……

但是在吃饭的时候，郑华把这些都抛在了脑后，一把就把自己喜欢吃的菜直接拉到面前。旁边的阿姨给他夹菜，他连谢谢也不说，只顾埋头大吃。

妈妈虽然当时没有发作，但是回到家之后，给他讲了周总理的故事。告诉他，周总理和蔼可掬，对他人十分尊敬，要是别人递给他东西，他会用双手去接，并且微笑道谢。有时，总理身边的工作人员与他相遇时，他们让总理先走，总理却站在一边，笑着让工作人员先走。

然后，妈妈说："儿子，你觉得你的表现比起周总理来怎么样呢？"这时，郑华认识到自己的不足，于是主动要求妈妈监督，他也要做个"小绅士"。

（2）帮男孩找到偶像

想让孩子产生奋斗的决心，那么就必须让他找到自己的偶像。没有一个成功人士是轻松成就梦想的，他们的付出超出了常人的想象。而男孩子正善于模仿，倘若他看到偶像曾经的奋斗史，自然也会燃起斗志向偶像学习。

有一个小男孩，是某位影星的影迷。这个小男孩不怎么喜欢学习，可是却整天幻想着自己能够考出一个好成绩。

于是，妈妈给他找来了这个影星的影片。告诉他，这个影星当年是跑龙套的。多年前，他在《射雕英雄传》中扮演了一个小兵，本该被一掌打死，但为了增加一点点戏份，他甚至请求导演安排梅超风用两掌打死他。就是靠这样一次次努力，他终于成为了一个影视巨星。

妈妈跟小男孩讲：如果他想提高成绩，必须要像这个影星一样，先打好基础，不能因为现在的成绩差失去勇气和斗志。结果，这个小男孩真的把自己当成了当年跑龙套的那个影星，开始变得非常刻苦和努力。

偶像的力量是无穷的，尤其是对于那些正处于追星年龄的男孩子。当然，父母要帮助他选择正确的偶像，别让孩子因为此反而误入歧途。

（3）用成就感激励孩子

有些父母喜欢用物质奖励的方式激励孩子，肯定他们的成绩。诚然，这是一种不错的手段，但是，不要让物质奖励成为一种常态。毕竟，物质奖励给孩子的动力不是那么充足。甚至时间长了，孩子会以为自己表现得好就是为了获得物质，从而扭曲了正确的认识。

其实，要让孩子获得强大的、源源不断的动力，成就感就是不错的选择。比如，孩子功课顺利完成，父母可以表扬孩子学习努力；孩子得了高分，父母可以告诉孩子，你离考上大学的目标又近了一步；孩子懂得为父母分担家务，父母可以欣慰地告诉他，你真的长大了，我们很高兴，等等。

相对于物质奖励而言，这种成就感更能激发孩子的上进心，使他们更乐意"从一个胜利走向另一个胜利"。

冰心说过："成功的花，人们只惊羡她现时的明艳、然而当初她的芽儿，浸透了奋斗的泪泉，洒遍了牺牲的血雨。"很多人成功之前，都付出了巨大的努力，像轮椅上的张海迪，中年失聪的贝多芬，又聋又盲的海伦·凯勒……这些人物成功的背后，无不是辛劳的汗水。所以，让孩子的眼界开阔些，多看看这些伟大人物的奋斗史，而不是躺在温床上睡大觉！

细节 8 | 启发：如何教出自主学习、自控力强的男孩

在男孩的学习上，父母要帮助男孩树立信念，感受到学习的乐趣，激发出最大的潜力，做好学习的主人。当男孩摆脱了"学习是一种负担"的心理，就能发挥出最大的潜力，爱上学习。

1. 让男孩抛却压力，自动自发地学习

给男孩自主学习的氛围，让他爱上学习。

兵兵在上小学的时候，爸爸妈妈对他的管教非常严格。那时候，兵兵的各科成绩都很优秀，在班级里名列前茅，爸爸妈妈对自己的教育成果很满意。

但是自从升入初中以后，兵兵突然开始讨厌起学习来。在学校里，兵兵的表现大不如前。这学期开学才两个星期，兵兵的父母就接到老师的电话，说他经常在课堂上睡大觉，不按时完成作业，成绩下降非常快。

其实不仅在学校，现在的兵兵回到家也是如此。他总是把书包扔在一边，既不复习功课，也不做家庭作业。每当父母一提到"学习"这两个字，兵兵就表现得特别烦躁，对父母说："我每天早起晚睡，除了学习就是学习，我越来越感觉学习是一件很遭罪的事，我不想上学了。"

对于儿子的表现，父母感到困惑。他们不明白，原来那个听话爱学习的孩子怎么变了呢？

其实，现在越来越多的学生把学习当成是一件很遭罪的事情，对学习产生了严重的逆反心理。这不怪孩子，在现行的教育制度和家长的双重压力之下，男孩们把学习当成了一种又累又苦的劳役，认为学习是一种折磨人的负

担。既然孩子对学习存在这样的认识，他们又怎么能自动自发地学习呢？

不可否认，"书包重"已经成为目前教育的现状，孩子从早上睁开眼睛开始，就奔赴学校开始一天的学习，直到晚上上床睡觉，他们的时间精力基本已经达到了极限。可是，有些家长却无视这一事实，只希望孩子出人头地，继续为孩子施压，也不管孩子精力是否充沛，主观上是否愿意。

所以，孩子没了学习的动力，父母不要急着训斥。换作是你，在如此大的压力下，也许同样会呈现出厌学的态度。

那么，该如何才能让孩子重新爱上学习？唯一的方法就是：让孩子自动自发地学习，成为学习活动的主人。一个懂得自发学习的男孩，会有明确的学习目标，会合理地安排自己的学习时间，会使自己的学习效率最大化。

那么，我们该如何做，才能激发孩子主动学习？

(1) 给予男孩空间，激发求知欲

兴趣是最大的老师。孩提时代的男孩，常为了大人眼中一件很普通的事，就问个不停。那种打破沙锅问到底的旺盛好奇心和求知欲，曾经让多少家长头疼，甚至为此给他们买了《十万个为什么》来应付他们无穷无尽的问题。而这种强大的求知欲，是他进步的核心。

那么，为什么现在的孩子没有了这份求知欲？这是因为他的压力太大的缘故。美国心理学家罗杰斯曾说："人类有机体有一种自我——主动学习的天然倾向。"这表明，孩子天生是想学习新知识、新技能的，只是由于后来受到环境的限制、压抑，而丧失了动力。所以，父母应该给孩子一定的空间，允许他去做一些喜欢的事，在周末鼓励他出去玩，让他们不至于因为过重的压力失去主动探索的精神。

(2) 强化男孩的学习动机

人的一切行为皆由动机引起，学习也是如此，好奇心、探索欲、自我满足、炫耀等心理动机，都能成为男孩学习的动因。父母的任务就是刺激、强化这些动机，让孩子在动机的推动下，主动、自觉地学习。

伟伟特别好动，爱搞破坏，家里的小闹钟、小电器常常被他破坏得面目全非。一次，伟伟正在摆弄积木，爸爸在一旁故意给他泼冷水："伟伟，我看隔壁的小敏会用积木搭城堡，不知道你行不行。"

伟伟不甘示弱地说："我怎么不行，你等着瞧吧，一会儿我就搭一座大戏院出来。"

不一会儿，伟伟就来邀请爸爸参观他的作品。爸爸看后，故作惊喜地夸奖他"真棒"。伟伟上了小学之后，比很多同学的动手能力都强。

年幼的男孩，他们的探索、破坏其实都是在学习，面对满地的零件，爸爸妈妈们不要急于帮他们收拾残局，而要引导孩子发挥想象力、培养创造力、锻炼动手能力。男孩的这种行为，是一种愉快的学习体验。父母可以从中引导孩子自主地寻找答案，从而逐渐锻炼他们自主学习的习惯。

(3) 给男孩创设自主学习的外部环境

孩子非常容易受环境影响，他们的许多习惯、言行都是环境潜移默化影响下的结果。因此，父母要给孩子自主学习的氛围，让孩子爱上学习。

宋明秋原来的自制力很差，每天放学后写作业的时候，总是不能集中精力，要么边看电视边写，要么写一会儿就跑出来玩一会儿。不仅拖拖拉拉写不完，而且错误百出，让父母大为头疼。

爸爸想了一个办法，专门在书房里给他设置了一个办公桌，作为他回家后的学习场所。宋明秋写作业的时候，爸爸就在旁边的办公桌上忙自己的事情。宋明秋看到爸爸认真的样子，也有样学样，变得专注起来，而且书房里的气氛让宋明秋变得有定力了许多。

男孩开始学习后，就要有一个独立的书桌，和一个安静的学习空间。父母要让男孩感觉到学习是一种神圣、崇高的事情，而且父母对待学习的态度，也能给男孩一种心理暗示，营造出最佳的学习氛围。

最重要的，是父母要让孩子明白学习的重要性。身为父母，不要总强调中考、高考，而是应该告诉孩子，学习是为了充电，让自己不断地获得新知识，提高自己的能力。当孩子意识到，未来的社会主动学习的人才能立足，那么他自然就会愿意主动学习。

2.帮男孩树立必胜的信念，激发潜力

给他适当的鼓励，他就会产生必胜的信心。

王锦小学时代比较顺利，成绩一直名列前茅。可是在上初中后，困难好像接踵而至，开学初的小测验就考砸了，接着在月考中又一次失利。

从此，王锦开始怀疑自己的能力，觉得自己笨，不如别人。每次考试之前，他都会忐忑不安，担心自己的成绩不理想，结果因为休息不好，第二天往往不能发挥正常水平。这样，他的成绩越来越差，就像走进了死胡同。

看着手里的成绩单，王锦在挫败中丢掉了自信，学习兴趣和热情也因此消失了。后来，他竟然患上了轻微的抑郁症。

其实，王锦的问题不是智力上的问题，是心理问题。王锦只把眼睛盯在考试成绩上，每当成绩不理想，就对自己的能力产生怀疑，给自己增添心理负担。没有了必胜的信念，把精力和时间都浪费在了无谓的担心上，失败也就成为必然的了。

漫长的学习过程不是百米短跑，冲刺一下就能到达终点；它更像是一场马拉松比赛，没有目标和信念的指引，孩子将很难坚持到终点。如果孩子对自己没有信心，没有必胜的信念，那么就看不到跑到尽头处的成功。最终打败男孩自己的，其实是他自己。

然而，孩子年龄尚小，不可能懂得如此深刻的道理。这时候，身为孩子家长的你，就必须及时向孩子传达"必胜"的观念，帮助孩子战胜暂时的挫折。

可是看看现状吧，有几个家长会如此？除了无休止的唠叨，家长们还会做什么？苏霍姆林斯基曾在《要相信孩子》一书中说过："教育技巧的全部诀窍就在于抓住儿童的这种上进心，要是儿童自己不求上进，不知自勉，任何教育者都不能在他的身上培养出好的品格。"

过多的唠叨，不仅不能帮助男孩重新唤起对学业的自信，还会让他变得更为沮丧。所以，我们必须转变教育观念，让孩子树立必胜的信念，从而发挥最大的潜力，从一个成功走向另一个成功。

(1) 让孩子分解目标、小步前进

俗话说，一口吃不成胖子，家长不必要求男孩考第一，因为对于大多数男孩来说，"考第一"是一个令人望而生畏的目标。

但是，"每次进步一两个名次"，这个目标不仅现实，而且只要肯努力，就一定会达到。因此，家长可以将孩子的大目标分解成一个个较容易达到的小目标，这样，每达到一个小目标就是一次胜利，从而让孩子一直带着胜利的喜悦去攻克最终的大目标。

(2) 帮孩子提高其最擅长的科目

对于学习成绩不佳的孩子，父母可以帮助他找到一门他比较擅长的学科，集中精力学好这一门学科，以此为突破口，让孩子感受到成功的乐趣，这样能极大地激发男孩的自信心。

小学一年级的第一次期中考试，铮铮的成绩很不理想，刚刚进入小学的孩子看来还没有很好地适应学校的课程。铮铮哭哭啼啼地问妈妈："妈妈，是不是我很笨呀？"

妈妈鼓励他说："儿子，每个人都有一个适应过程，可能你的适应期还没有过去吧。你最喜欢哪一门功课呀？"

"语文，可是我语文也才考了80分。"

"没关系，从今天起，妈妈帮你重点学习你喜欢的语文，先把这门功课的成绩提上去，然后一步步地把其他科目学好，好不好？"

"嗯！"见妈妈没有批评自己，铮铮用力地点了点头。经过几个月的"小灶"，铮铮的语文成绩达到了班里前五名！语文的提升，让他对学业有了信心，如此其他科目也逐渐赶了上来。

(3) 合理表达期望值

心理学研究表明，人们对目标的期望影响着对实际结果的感觉。比如，考试成绩同样是80分，对于一个估计自己应该考90分的学生而言是一次很大的失败，但对于一个估计自己很难及格的孩子来说，这却是一个莫大的胜利，并且能够为他带来极大的成就感。

明子把成绩单带回家的时候，爸爸不是盯着他们班的第一名，而是指着排在他前面的那位同学的名字说："下次考试，他就是你的目标，有信心超过他吗？"明子一看，说："他平常跟我差不多，我下次要打败他。"

就这样，爸爸总是让他把稍微比他成绩好一点的同学当作竞争目标，每次考试，明子都能顺利地进步一两个名次，进入高年级之后，明子终于跨入了优等生的行列。

父母过低的要求和期望是不相信孩子能力的表现，相反，父母的过高期望也会让孩子产生巨大压力，不利于他的学习成长。因此，父母对男孩先不要定过高目标，而是根据孩子的实际水平定一个稍高的目标，这个目标通过他的努力能够实现的，这样能让孩子产生一种胜任感，从而使他今后更加努力。

(4) 想方设法让男孩保持斗志

想要让孩子对学习充满信心，父母就不要用消极的语言打击孩子。比如，"连这么简单的知识你都不会，你笨得像头驴""我看你是无可救药了。""你这种成绩，真把老子的脸都丢尽了""你看隔壁家的芳芳，你为什么就不能像她一样，给我们争口气"。

毫无疑问，诸如这样的语言都会对孩子的内心产生极大的影响，这些令人泄气的话会重重打击孩子的自信心，使他们怀疑自己的能力。因此，只要可以进行适当的鼓励，我们就有理由相信：孩子必然会对学习产生必胜的信心！

3. 做好学习的主人

当男孩认识到时间的重要性，才会珍惜时间，自主学习。

建军小学时成绩很好，是一名品学兼优的好学生，一直担任班干部，性格开朗、活泼好动。然而进入初中以后，看到其他同学都很努力，他有了一种危机感，生怕落在后面。

为了保持自己的优秀成绩，他开始给自己"开小灶"，每天晚上都会躲在被窝里打手电筒看书，到了深夜仍然难以入睡。而且，他还常常担心睡不好会影响第二天的学习，结果越是这样想就越睡不着。

没过多久，建军就发现自己白天上课精力无法集中，记忆力也开始下降，学习效率明显降低了。他非常焦虑，晚上甚至偷偷吃起了安眠药。然而即使如此，他的成绩依旧没有提升，并且身体也很快垮了。

建军的状况终于引起了妈妈的注意，在详细了解情况之后，妈妈规定建军必须注意劳逸结合——每天抽出玩的时间，按时休息。妈妈还告诉他："你是学习的主人，而不是被它控制的奴隶！学习固然重要，但其他方面也重要！妈妈需要的，是一个健康的孩子，而不是被学习所击败的小奴隶！"

妈妈的建议，让建军逐渐调整了学习方法，不再总是那样拼命。结果，他的身体状况越来越好，学习成绩也呈现了迅速提升的趋势！

成绩，这是男孩成长过程中必须直面的一道关口。对于成绩暂时落后的男孩来说，往往谈学习色变。为了提高成绩，他们不管自己的方法科学不科学，以为只要拼命就可以得到相应的回报，而这样却忽视了学习效率的重要性。

不错，学习是一个积累的过程，花的时间越多，成绩自然越好。男孩提高学习成绩的迫切心情可以理解，但是，应该合理利用时间，而不是一味延长学习时间。想要学得好，所花时间就要有效率，不能陷入时间的拉锯战中，反而被学习所控制。

所以，对于那些过于刻苦的孩子，父母要告诉他们：学习不是全部生命，我们要做学习的主人！孩子只有从执拗中走出，成绩才会大幅提升。

具体来说，父母可以向孩子提出以下这些建议，让他成为学习的主人。

（1）不要剥夺了男孩玩的权利

爱玩是男孩的天性，玩也是孩子成长必需的维生素。父母对待男孩的贪玩要化堵为疏，引导男孩在玩乐中找到兴趣、乐趣，锻炼体魄，培养观察力、求知欲，等等。父母要做一个细心的观察者，发现男孩的兴趣爱好，培养相应的特长。相反，如果只让孩子活在课本里，那么他反而会更加郁闷，对一切都打不起精神。

王繁这几天一下楼玩，就不愿意上来。妈妈发现，他喜欢看那些大孩子弹吉他。王繁刚刚6岁，妈妈看到他这种痴迷的样子之后，马上大力支持，给他买了一把吉他。

现在，王繁一从学校回来，就一头扎进屋里练习吉他，他央求爸爸给他买了吉他教程的光碟，学习各种技法。王繁还把自己的零花钱都用在了购买吉他教材上。他的技术提高很快，过了一阵之后，他就成了那些大孩子中间的一员，跟他们学了很多音乐知识，成了社区音乐圈里的活跃分子。

后来，王繁参加了学校里的音乐特长班，成了学校乐队的一员，而他其他科目的成绩，也没有受到不好的影响。

许多男孩在玩耍中玩出了大名堂，原因就在于，他们将兴趣发展成特长。许多游戏也是一种特殊技能，例如智力游戏及各种体育运动。父母要适当给男孩留下玩的空间，即使发展不出特长，也能够让男孩劳逸结合，得到充分的休息，让男孩以更充沛的精力投入学习。

(2) 让男孩树立正确的时间观念

男孩小时候往往不明白时间的重要性，因此会在不自觉中浪费大量时间，一旦玩起来就没有了节制，像野马一样。因此，父母要让男孩树立正确的时间观念，学会珍惜时间、合理利用时间。

京京放学后，总是丢下书包就去玩，有时候到了吃晚饭的时间还没有回来。妈妈晚上经常要到楼下去找，拧着耳朵才能把儿子"抓"回来。

京京玩起来不知道时间，这让妈妈非常担心。因为，京京总是在她的逼迫下才做作业，即使在做作业的时候，他也是边玩边做，这样作业怎能做好？

为了让京京知道时间的重要性，妈妈给儿子讲了很多名人珍惜时间才得以成功的故事，告诉京京每个人生命中的时间都有限，浪费掉就再也找不回来的道理。最后，妈妈语重心长地说："京京，如果你不好好学习，不珍惜时间，等你大了一事无成，怎么能做一个顶天立地的男子汉呢？那时候妈妈老了，你又怎么承担起照顾妈妈的责任呢？"

京京在妈妈的教育下，逐渐树立了正确的时间观念，以后每天都会先做作业，有剩余时间了才出去玩。

父母应尽早给男孩树立起正确的时间观念，让男孩子认识到时间的重要性，男孩才会珍惜时间，想方设法高效利用时间。父母要让孩子明白，玩没有关系，但要对学习的时间进行合理规划。这样一来，孩子既能学得好，又能玩得好，进步自然水到渠成！

(3) 让男孩提高学习效率

男孩常常不懂得学习效率的重要性，学习方法不科学，不会高效利用时间。他们往往在时间分配上没有技巧，不符合科学规律地学习，这样大好时光就会白白流失掉。而玩的时候不尽兴，学的时候不踏实，原因就在于没有效率的概念。

因此，父母要帮男孩制定一张时刻表，这张时刻表，要让男孩也参与制定，给他玩乐的自由时间。如几点学习，几点看电视，几点自由地玩等，都一一规划好。在刚实行时，男孩可能会有不适应感，但是一旦养成了习惯，就不需要父母的监督了。养成了良好的习惯，提高了学习效率，男孩就能成为学习的主人，学习起来便会游刃有余。

其实，想让孩子学习成绩不断提高，方法就是这么简单。当他对效率有了充分的认识后，那么自然会成为学习的主人，而不是在学习中疲于奔命！

4.用启发的方式引导男孩思考

男孩子有了学习的主动性，才能学好，所以父母要启发。

正上一年级的强强，这天拿着作业本走到妈妈跟前说："妈妈，这道应用题我想不出来了，怎么办？"

"你说怎么办呢？"妈妈刚想帮他做一下，又想让他试着自己动脑。

"要好好读一遍题目，列出已知条件和未知条件，找出它们的联系。"强强说，"老师就是这样讲的，可是这道题目好长呀，我怕自己做不出来。"

"那妈妈陪你找出已知条件，你自己试试吧。"于是，妈妈耐心地教强强怎么列出已知条件，要注意哪些重点语句，等等。最后，强强通过自己的思考，解决了这个问题。

"妈妈，真谢谢你！现在我知道，以后该怎么分析一道题了！"强强兴奋地拍着手说。

现在的强强，在学习上遇到什么问题，再也不像以前那样，第一时间向妈妈求助了，而是依靠自己的思考，从此他的成绩越来越好了。

孩子学习的时候，难免会遇到各种问题，他们往往会首先想到向父母求助。在这种情况下，不少父母会急于把答案告诉孩子，帮助孩子走捷径。可是，这样一来就会忽略了孩子自己思考探索的过程。殊不知，这样做容易让孩子失去学习上的进取心和积极性，失去了主动获得答案的兴趣。

如果家长每次都帮孩子跳过他独自思考的过程，时间长了孩子就会产生依赖思想，思维就会僵化、懒惰。甚至，还会产生这样的想法：无论我如何努力，也无法靠自己解决问题，我只能依靠家长、同学、老师或者朋友的帮助。过于参与孩子学习的家长，不但会逐渐把孩子的思考能力扼杀掉，还会将他们的自信心瓦解。

那么，是不是当孩子在遇到问题的时候，父母就要不理不睬、袖手旁观呢？显然也不是，最好的方法是父母不要轻易把答案告诉孩子，而是应该通过提示、启发等方式，引导孩子自己思考，留给孩子足够的时间，让孩子自己解决。

需要注意的是，家长在旁观孩子自己思考解决问题时，要注意问题的难易程度，如果是明显超出孩子认知和智力发展水平的问题，家长也不要让孩子接受这种无谓的挫折。可以让他们放一放，等到他们的能力发展到相应的水平，再让他们去尝试。

当然，想要做一名合格的旁观者，可不是这么简单。以下几条原则，我们必须遵循。

(1) 用启发式教育，引导孩子靠自己

男孩有"我要学"的主动性，才能学好，而"要我学"的被动方式，很难让孩子对学习产生主动性和浓厚的兴趣。家长要善于用启发的方式激发男孩的学习动机，不要只是强制要求孩子学习，让学习成为负担。

比如，当孩子做数学题遇到难题时，家长可以根据问题内容进行启发式提问："这两个条件之间有什么关系？""你觉得这两种做题方法哪一种会更好？""你是否正确地理解了题意，问题最终要求解的是什么？"等等，启发孩子自己动脑，找到解决问题的那把钥匙。

这样的做法，可以把孩子学习的胃口吊得高高的，让他在学习上有"饥饿感"，从而激发起孩子对学习的兴趣。要知道，别人帮助解决的问题，哪有自己解决更有成就感呢？

（2）孩子独立解决了问题，要及时鼓励

小辉在小的时候，爸爸给他买了一个指南针。他非常喜欢，把指南针翻来覆去地看，结果发现指针总是指向一个方向。

小辉一开始问爸爸，但是爸爸没有直接告诉他，而是说《十万个为什么》里面有答案，让他自己去找。于是小辉自己去翻书，终于弄明白了指南针的"秘密"。他高兴地告诉爸爸："我终于明白是怎么回事了！"

爸爸也及时鼓励他："你这次做得很好，以后有了问题先想办法自己去解决，不要着急问别人，这样可以加深你的印象。"

家长的鼓励就是孩子的动力，在他自己找到答案之后，你的鼓励就成了他成就感的一部分，可以强化他的这种行为，有利于孩子养成独立思考的习惯。

（3）教会男孩合理分配学习时间和任务的方法

教会男孩学会合理分配学习时间和学习任务，就相当于教会了孩子捕鱼的方法，这远比直接给他们几条鱼要有用得多。

郑斌是一名三年级的小学生，父母对他控制得比较严格，不仅每天要了解他在学校里的学习情况，而且把他回家以后的时间排得满满的，要求他严格按照要求学习和活动。

但是，令父母失望的是，郑斌很不配合，不仅写作业拖拖拉拉，而且常常抱怨说自己就是一个机器人，被爸爸妈妈遥控着，一点自由都没有。

看到孩子的成绩下降，而且跟自己的关系越来越紧张，妈妈去咨询了郑斌的老师。老师建议她让孩子自己安排自己的学习，家长不要过多地干扰。于是，父母尝试着放手，不对郑斌控制得那么严格了。

渐渐地，父母发现郑斌自己也能管好自己，不仅没有变成"野孩子"，而且自制力更强了，学习成绩也逐渐提高了。

父母要多给孩子一份独立的空间，让他根据自己的学习情况安排自己的学习时间和任务。这样，男孩在学习中便能养成首先明确目标，然后做好计划，最后再逐一实现的习惯。只要男孩学会合理利用时间，一步一个脚印地完成自己的学习计划，那么他们最终会实现自己的学习目标，如此金榜题名就是水到渠成的事了。

5.赶走学习路上的拦路虎

当男孩在学习上出现变化时，父母要帮助他清除求学路上的绊脚石。

博文是个初中生，成绩一直不错。可是上到初三后，博文不知受到什么影响，突然产生了不想继续读书的念头，打算辍学出去赚钱。有了这个想法之后，博文到处找能够赚钱的机会，不久，他就到了一家餐馆干起了端盘子的工作。

每天,博文都背着书包按时出门,父母毫无所觉,还以为他去上学,没想到他却直奔餐馆打工。一周之后,班主任老师找到了博文的父母,说博文已经一周没来上课了,是不是家里出了什么事情。

得知实情,博文的父亲勃然大怒,狠狠揍了他一顿。没想到博文却很不服气,他说:"爸爸,读书有啥用啊,你没看到每年有上百万大学生找不到工作吗?现在是毕业就失业的年代,与其在学校里浪费时间,我还不如早点参加工作积累经验呢!"

博文的"读书无用论",让爸爸不知道怎么办了。他知道,强扭的瓜不甜,硬逼孩子学习是没有用的。

男孩大多都有伟大的理想、满腔的抱负,但是他们往往又容易受到负面信息的蛊惑,意志不够坚定。听到社会上流行的某些理论,就奉为真理,甚至做出像博文那样的极端行为来,信奉"读书无用论",从而荒废了学业。

这个时候,如果父母不是分析孩子的这种情绪变化,而是简单地揍一顿,那么孩子就会在这条路上越走越远。父母唯一可以做的,就是及时掌握男孩的思想,帮他们清除求学路上的绊脚石。

那么,父母要如何帮助男孩战胜那些影响学习的拦路虎呢?

(1) 让男孩认识到知识的重要性

在现代社会中,知识的作用更加凸显,各行各业中的科技和知识含量越来越高。如果没有深厚的文化知识基础,那么工作起来就会非常困难。对于那些不想读书,只想着早早参加工作的孩子,家长应当动之以情晓之以理,甚至是现身说法,让孩子意识到知识的重要性。

要让孩子明白,学习知识远比暂时赚点钱要重要得多,如果为了一时的利益而耽误了现在的学习，对将来发展与前途都不利。任何人都希望自己能有一个美好的未来，如果孩子能够懂得这一点，那么"读书无用论"的影响自然也就烟消云散了。

(2) 给孩子的明星梦泼点冷水

很多男孩都有过明星梦，幻想成为银幕上的英雄、大侠，等等。正因为如此，他们才不愿意读书。父母要明白，孩子有梦想是好，但过度沉迷却要不得，毕竟能成为明星的只有少数。如果孩子的明星梦成了学习的障碍，家长可以给他泼一下冷水，让孩子降降温。

张力今年上高二了，小伙子长得挺帅，篮球打得很棒，歌也唱得不错，喜欢他的女孩子有一大群。渐渐地，他有了偶像明星的感觉，动不动就学明星耍酷。他的明星梦像野草一样疯长，导致他把学习抛在了脑后，整天忙着打理头发，摆造型，希望能一夜成名，成为众人瞩目的大明星。

张力的妈妈发现了儿子的变化，一开始还以为他是早恋了，后来经过旁敲侧击地打探之后，才知道儿子有点"走火入魔"，一心想当大明星。于是她决定给儿子泼点冷水，给儿子讲了很多明星成名之前的不容易。

"当然！这还是成了名的，现在没成名的多了去了，凭什么你就能成明星？你比他们强么？"

被妈妈浇了一头冷水之后，张力似乎觉得自己不是明星的材料了，于是老老实实地投入了学习。

当然，我们也不要因为学习，就刻意打消孩子的明星梦。倘若孩子真的有天赋，那么我们可以告诉他："现在的明星，同样需要文化基础。想想看，如果一个明星在接受采访时，却一问三不知，这是不是更丢人？"这样，孩子既能在保持梦想的同时，也努力将文化课学好。

(3) 改掉男孩磨蹭的毛病

很多男孩做事磨蹭、拖拉，导致很多时间白白流失，作业做不完，考试的时候明明会做的题目也因为时间紧张而出错。对这样的男孩，父母应该运用男孩乐意接受的方式，引导他提高速度，高效利用时间。

孟典是个爱磨蹭的孩子，做作业总是边做边玩，干什么都慢腾腾不着急。看着儿子这种慢性子，妈妈好几次火冒三丈，但是责骂之后，孟典依然如此，照样我行我素。

爸爸见儿子如此，想到了让孟典跟自己比赛，在孟典写作业的时候，自己写稿子，看谁写得快。开始的时候，爸爸故意输给儿子，于是装出不服气的样子向儿子继续挑战。这样过了一周之后，孟典拖拖拉拉的毛病就改掉了。现在，他每天都缠着爸爸比赛呢。

父母要想改掉男孩磨蹭的毛病，需要利用一些技巧，以男孩喜欢的方式去引导，这样他就会乐于去做，从而在不知不觉中提高速度。

(4) 教男孩高效地利用时间

父母可以让男孩把每天要做的事情，按轻重缓急合理排序、统筹安排，这样便会节省很多时间；还可以利用科学规律让男孩在记忆的最佳时间，背诵最难的知识点，等等。

总之，对于那些对学习产生一定偏见的男孩，如果家长不能及时地帮助他悬崖勒马，那么今后他们的人生道路将会出现很多波折。所以，父母要让男孩从小就认识到学习的重要性，要让男孩坚守自己的梦想、珍惜学习机会，从而实现自己的人生目标。

细节 9 | 社交：如何教出社交力强、情商出众的男孩

交际能力对男孩来说非常重要，
社交能力强、情商高的男孩，
在今后的事业发展中会受到很多热情的帮助。
在学习之余，父母要为男孩创造更多的机会，
让男孩走出去，结识更多的朋友，
打造和谐的人际关系，拥有属于自己的交际圈。

1. 锻炼男孩的胆量，开口说话不是难事

胆量是讲话的"电源开关"。

马辉从小不爱说话，即使课堂上被老师叫起来回答问题时，明明知道答案，他也总是红着脸，哼哼哧哧地说不出来。再加上同学们一笑，他就更加说不出话来了。

课余时间，当同学们在一起玩耍做游戏时，他则躲在一边，用羡慕的眼神看着他们。马辉的内向，甚至给他带来了一个文绉绉的外号："林黛玉"。

看到这样的孩子，老师自然有些着急。他和马辉的妈妈沟通之后，希望妈妈能够鼓励马辉开口说话。于是，暑假时，妈妈就把马辉带到老家待了一段时间。在老家，小伙伴们都很皮，经常带着马辉上山下河，玩各种新奇的游戏，还教他唱山歌，带他赶集。

经过了一个暑假的锻炼，马辉变得开朗了许多。回到学校之后，马辉在妈妈的鼓励下参加了文艺表演，演唱了一曲山歌，得到了同学们的热烈掌声。

从那以后，马辉像变了个人一样，再也不沉默寡言了。

当今社会，是一个合作的社会，一个交流的社会。一个不善于表达的人，是很难适应社会的。所以，对于过分沉默的孩子，我们不要觉得这是内向，

是优点，是酷。倘若这种习惯长久保持，那么他必然会与他人产生隔阂，不容易得到别人的理解和帮助。

那么，为什么有的男孩总是不愿意开口说话呢？原因有很多：有的孩子是因为胆小懦弱；有的则是因为学习或生活中遇到不顺利的事情，内心压抑；还有的是因为青春期的到来，处于迷茫期，甚至是耍酷的心理需要，等等。

不论何种原因所致，长时间不喜欢开口说话的男孩无法和人正常友好地沟通，长时间的沉默还可能形成心理疾病，使自己的性格脾气变得暴躁、古怪，让人无法接受，不利于人际关系的建立，不利于男孩的健康成长。

所以说，想让自己的孩子有个成功的未来，就一定要让男孩愿意开口说话。而下面这些建议，都是教育专家多年来总结的经验，父母不妨灵活运用。

(1) 父母在男孩小的时候要经常和他说话

如果父母能够在孩子小的时候就教他吃饭、走路这样的基本行为，他就能很早学会。同样，说话也是如此。早早学会说话的孩子往往头脑清晰，语言组织能力和理解能力强，逻辑思维能力开发得好。因此，父母要鼓励孩子多跟人接触、多说话，使孩子受到环境的感染，让他学会用语言表达自己的各种诉求、感情。

让孩子敢于说话，父母就不要过于严厉，不要总是拿出家长的架子。否则，孩子整日战战兢兢，就很难打开话匣子了。由于孩子的年龄小，知识往往很缺乏。因此，父母要鼓励孩子通过多看、多听扩大眼界，让孩子有话可说，言之有物。

比如，父母可以跟孩子分角色扮演故事里的人物，进行对话，这样不仅锻炼了孩子的语言表达能力，还能促进孩子大脑的发育。

(2) 锻炼孩子的胆量

殷亚敏曾说，胆量是讲话的"电源开关"。一个无胆的人，不管他想讲的内容多么精彩，也是茶壶里煮饺子——有货倒不出。因此，很多孩子不喜欢讲话，根源在于胆子小。

孩子的胆量，是可以通过锻炼来培养的。比如，孩子怕见生人。在碰到有生人来家里，父母可以先给孩子介绍一下来客的情况，鼓励他跟客人打招呼。父母还需教会孩子一些待人接物的技巧，让孩子明白，即使面对没有见过的陌生人，也可以和他们轻松对话。

玉广是个胆小的孩子，外出时总喜欢牵着妈妈的手。在路上妈妈遇到了朋友，他则会躲在妈妈身后，眼睛看着地下，不敢和叔叔阿姨打招呼。

后来，有一位叔叔来到玉广的家里，他又躲到妈妈的身后。妈妈告诉他，这位叔叔是一位画家，而玉广非常喜欢画画，看着他跃跃欲试地想跟那位叔叔打招呼，妈妈鼓励他："去跟叔叔打招呼呀，让叔叔看看你的画。"

在妈妈的鼓励下，玉广小声地跟叔叔打了招呼，这位叔叔很喜欢跟孩子打交道，于是跟玉广谈起了画画的事情。

这位叔叔来了几次之后，玉广就改掉了胆小的毛病，每次都跟叔叔很亲热地说个不停。渐渐地，其他客人来的时候，玉广也开始招呼他们了。

孩子敢于接待客人，敢于说出自己想说的话，这样，他的胆识自然会逐渐提高。那个时候，开口说话对于他来说就不再是难题。

(3) 鼓励男孩讲故事

要让男孩乐意开口说话，父母可以引导男孩讲故事。这故事可以是他的见闻感受，也可以是观看电影或者读书之后的转述。甚至，还可以是男孩的某些想象。比如，当父母给男孩讲故事讲到一半的时候故意停下来，让孩子根据已经讲过的情节去编故事，推测故事的可能结果。这样，他的语言能力不仅得到了锻炼，逻辑能力也会有明显提高。

（4）宽容孩子的词不达意

孩子的词汇量比较少，经常会把某些词语张冠李戴，父母不要因此就打击嘲笑他，而应该耐心地向他解释正确的意义和用法，扩大他的词汇量，鼓励他说出正确的句子。只有这样，孩子才敢说、会说。

聪聪原来很喜欢说话，总是叽叽喳喳说个不停。他会把路上见到的事情，幼儿园里发生的故事都告诉爸爸妈妈。不过聪聪经常词不达意，比如，他喜欢乱用成语，说爸爸拖地的样子像"坐井观天"的青蛙，结果经常被妈妈训斥。

时间长了，聪聪整天诚惶诚恐，只要开口说话就会紧张得不得了，生怕说错了被妈妈教训，后来逐渐地不喜欢开口了。

其实，想让孩子多说话，这并不是一件困难的事。只要父母在生活中多加引导，鼓励孩子用语言把自己的想法表达出来，那么，他自然就会与沉默说再见！

2.教男孩懂礼节，做受欢迎的小男子汉

懂礼貌的男孩会更容易受到别人的欢迎和喜爱。

范威在外地的舅舅要来他们家做客，还要在他们家住两天，范威的父母决定锻炼一下范威招待客人的能力，让他负责周末的接待工作。

范威的爸爸开车带着范威到了车站，接到了客人。范威礼貌地对舅舅表示了欢迎，并且对舅舅给他带来礼物的举动表示感谢。回家的路上，范威又成了称职的"导游"，不断地给舅舅介绍当地的风土人情和景观。

舅舅在他们家的两天里，范威陪同他玩得非常开心，而且他们还成了棋友，走的时候舅舅直夸他聪明懂事。

现代社会的很多家庭，已经变得越来越不喜欢走亲串友，也很少请人到家里做客。大人孩子都喜欢"宅"在家里，与别人交往的机会很少。

也许父母觉得，这么做可以让家里少很多麻烦事；但这样一来，很多男孩缺乏社交活动，对一些基本的待人接物礼节都不懂，甚至过于自我，不懂礼貌。这样的孩子，是很难在未来的生活中获得良好的人际关系的。

生在礼仪之邦，我们必须让孩子懂得礼仪，学会与人相处。试想，家里来了客人，男孩却不会做主人，把客人当成多余的人，甚至是碍眼的人，这必定会给人留下不好的印象。而如果带男孩去做客，男孩不懂礼仪，随意打

断大人的交谈，或者在饭桌上不顾别人，这都会给对方造成很坏的印象。

那么，父母该如何做，才能培养孩子待人接物的能力？

(1) 让男孩掌握礼貌用语

说话是一门学问，良好的语言表达能力能让男孩得到别人的认可和肯定，获得友谊。家长要教会男孩使用礼貌用语，只有"您好"、"谢谢"、"对不起"等礼貌用语不离口，他才能成为一个有礼貌的人。

妈妈带着乐淘去姑姑家做客，路上她一再嘱咐乐淘要讲礼貌。

刚一进门，乐淘就把妈妈的话忘了，没有跟姑姑问好就去找小妹妹玩去了。姑姑给他拿来一包巧克力，妈妈说："快谢谢姑姑。"没想到乐淘说："我不爱吃巧克力，我爱吃奶糖。"姑姑很尴尬，妈妈也很无奈。

开饭的时候，乐淘不管不顾地第一个坐到桌子旁边，迫不及待地把菜尝了个遍。最后挑出最喜欢的菜放在自己面前，旁若无人地吃起来。姑姑让他吃点鱼香肉丝，他大声说："我才不吃，难吃死了！"

乐淘这样的举动，让妈妈羞红了脸。

虽说童言无忌，但是如果不懂得礼貌，即使滔滔不绝、口若悬河，那么这个孩子也不会得到别人的欢迎。俗话说，话不投机半句多，一开口就让人觉得没有礼貌，那还怎么交流下去呢？因此，让男孩掌握礼貌用语才能得到别人的欢迎与喜爱。

(2) 教育男孩说话有分寸

何谓分寸？即是说见到什么人说什么话，以什么样的语调语气说话，等等。也就是，说话要分时间、地点、场合，掌握尺度。

孔子带着他的学生出外讲学的时候,他的马挣脱了缰绳,跑到庄稼地里去吃了人家的麦苗,被农夫扣了下来。

孔子最得意的学生之一、能言善辩的子贡自告奋勇地要去说服那个农夫,把马要回来。可是,他满口之乎者也,文绉绉地说了半天,农夫也没把马还他。

另一位学生走了过去,用直白浅显的语言跟农夫说话,"动之以情,晓之以理",农夫就原谅了他们,将马还给了孔子。

由此可以看出,说话必须首先要了解交谈的对象,根据不同的对象、场合,用适当的语言打动对方,否则,再能言善辩的人,也不过是自说自话。因此,父母要让男孩注意各种场合,比如去做客、在家里招待客人、去医院探望病人,等等,分别用怎样的语言合适。

(3) 父母要做好榜样

男孩的模仿能力很强,他们的第一模仿对象就是父母。如果父母在客人到来时,礼貌地招呼,端茶倒水,拿水果,那么孩子就会学会对待客人热情礼貌。

再比如,父母带男孩去医院探望病人时,要准备好礼物,见面时要问好、嘘寒问暖,将自己的关心、祝福真诚传达。跟病人谈一些比较轻松的话题,缓解他们的心理压力,等等。父母做好男孩的榜样,男孩也会懂得礼仪。

(4) 强化男孩的礼仪意识

待人接物是一门很有学问的艺术,但只要能够掌握方法,它其实并不难。孩子的可塑性很强,只要让他多实践、多体验、加深印象,那么就能产生正确的礼仪意识。

孙浩平时很害羞，平时家里来了客人，他总是躲在自己的小屋里不出来了。爸爸看到儿子的举动，想带他去参加同事的婚礼，让他学着交际、懂礼貌。

出发前，爸爸教他要跟人打招呼，有人问话要微笑回答，等等。孙浩鼓足了勇气学着爸爸跟人打招呼。大家都夸他有礼貌，爸爸有意识地带着他去各种场合，教他各种礼仪。几次以后，孙浩就对各种社交礼仪比较熟悉了。

父母不要觉得，男孩不懂待人接物是因为年龄小，以后自然会改正的。一旦孩子养成习惯，那么再想纠正，就难之又难了。男孩长大成人之后，会走上工作岗位，会接触形形色色的人，因此良好的人际关系会帮助男孩更好地发展。如果他不懂得礼仪，那么势必会被大家排斥，许多助力和机会便由此失去了。

3.男孩应该懂得宽容的力量

男孩的胸怀要像海一般宽广，那才叫气魄。

王默的学习成绩很好，因此在中学的时候就当上了班长。每当班级周末开会时，他就会站在讲台上"指点江山"，把一周中同学们做得不好的地方指出来。虽然王默很热心地帮助同学们纠正各种错误和不足，但是同学们并不买账,他们对王默越来越不友好了。为此王默非常烦恼。

妈妈看到儿子闷闷不乐的样子,就问他发生了什么事情。王默一五一十地说,无非是皓伟打扫卫生的时候不积极,小蒙的英语作业总是拖拉,马然体育课上又拽女生的辫子了,等等。

听完王默的抱怨,妈妈笑着告诉他:"人无完人,每个人都有自己的缺点,要学会宽容,多看看他们的长处,如果对同学们太苛责,同学们是不会喜欢你的。想想看,如果你被班主任整天挑毛病,你又作何感受?"

王默听了妈妈的话以后,再开班会的时候就改变了方式。他总是夸奖同学们的优点,即使指出缺点,也会采用比较委婉的说法。结果,同学们都很快改进了自己,并且欣然接受了他,把他当成了"领导核心"。

每位父母都望子成龙,希望自己的孩子将来能够当个能言善辩的领导。那么,那些班干部的家长,教会孩子宽容和理解了吗?如果孩子总是高高在上,抓住同学们的"小辫子"不放,那他又怎么能得到同学们发自内心的尊敬,获得他们的友谊呢?

"海纳百川,有容乃大。"古今中外,凡是成就大事业的人,都有恢弘的气度,而这体现了一种人生的大气,正是这种胸怀可以使他们团结一切可以团结的人,从而获得最多数人的支持。因此,他们的成功也就不足为奇。就像美国总统林肯,总是宽容他的政敌,把反对他的人放在政府的重要岗位上,从而获得了他们的友谊和支持,并为此成为美国最伟大的总统之一;中兴名臣曾国藩,面对门生李鸿章的种种小动作,总以忠厚应之,结果赢得了李鸿章的感动,晚年的李鸿章总是"我老师"不离口……

所以,对于身为班干部的孩子,父母必须教会他们宽容和理解之道。宽容和理解是赢得尊重与认可、获得友谊的利器,甚至是化敌为友的"神器",

有助于他在班干部的位置上坐得更稳。即使不是班干部，拥有好人缘也是很好的事情。

那么，如何让男孩拥有宽容和理解的胸怀呢？

(1) 告诉男孩，男子汉要有气度

张凯和王帆是同桌，两个人因为桌上的"三八线"弄得极不愉快。这天，张凯又气冲冲地回家，扔下书包狠狠地说："下学期再也不跟王帆同桌了，我刚过了线一点，她就掐我。"

妈妈听到儿子的抱怨笑了："儿子，你是男子汉，要让着王帆呀。我记得她不是跟你挺好的么，上次她还来咱们家帮你补习功课呢。"

"嗯，也是，她在学习上经常帮我呢。就是今天掐我一下，哼。"

"儿子，明天跟王帆道个歉，大度一点。"

"哦。"张凯不情愿地答应了。

第二天，张凯兴冲冲地回来了："妈妈，王帆把我们的'三八线'擦掉了。呵呵，她还答应每周帮我补习英语呢。"

俗话说"退一步海阔天空"，男孩要有像大海一样的胸怀，只有气魄大，才能成就大。父母要告诉自己的孩子，不要小肚鸡肠、斤斤计较，只有宽容才能获得友谊。

(2) 让男孩懂得宽容的力量

宽容，就是严于律己，宽以待人。正如韩愈所说："责己也重以周，待人也轻以约。"这就是说懂得谦让，做到有理也让人，而不是无理搅三分。要大事清楚，小事糊涂，宽容是一种比苛责要强大得多的力量。当然，父母还要告诉孩子，宽容不是随波逐流、不讲原则，不是人云亦云、毫无主见。

一位老禅师夜晚在寺庙里漫步，看见墙角边有一张椅子，于是明白自己新收的年轻弟子越墙出去溜达了。这位小和尚心不静，总是惦记着外面的花花世界。

老禅师走到墙边，蹲在椅子的位置。半夜里，那位小和尚翻墙回来，在黑暗中踩着老禅师的背跳进了院子。他感觉到了脚下的异样，仔细一看，原来自己踩的是师父的背，顿时吓得惊慌失措，等待着师父的雷霆之怒。

出乎小和尚意料的是，老禅师并没有责备他，而是以平和的语调说："夜深天凉，赶快回屋添件衣服吧！"

从此，小和尚一心向佛。

你可以将这个故事讲给孩子听，让他明白：宽容才更能服众，宽容才会让自己的意见得到贯彻。

(3) 教会男孩换位思考

"己所不欲，勿施于人。"在人际交往的过程中，父母要教男孩学会站在对方的位置上考虑问题，要将心比心，替对方考虑。当孩子学会换位思考，设身处地地为他人着想时，那么他的人气自然会水涨船高。

郭瑞的同桌有些口吃。有一次，郭瑞无意中模仿了他，结果对方生气了，好几天不跟郭瑞说话。郭瑞回家之后跟妈妈说："至于吗，我又不是故意的，太小心眼了。"

妈妈问明了原委，严肃地对郭瑞说："儿子，你想一下，如果你有口吃的毛病，别人模仿你，你心里会不会很难受啊？"

"会,可我不是故意的啊!"

"孩子,我知道你不是故意的,可是这样还是会伤害对方啊,你们不是好朋友吗,跟他道个歉,帮他纠正口吃的毛病,这才是好朋友应该做的。"

郭瑞按照妈妈的话去做了,两个小伙伴又和好如初了。

孩子要想获得好人缘,就需要掌握这种换位思考的能力。没有一个孩子愿意被伙伴们孤立起来,也没有一个孩子愿意从班干部的位置上灰溜溜下台。所以,我们必须教会他理解和宽容。只有这样,当他长大后,才能更加顺利地处理好各方面的关系,更好地为人处世、与人沟通。

4.培养男孩成为一名人际交往高手

任何一个"焦点明星"都需要精心的培养。

上初三的康辉不太喜欢开口说话,以致社交的圈子很小,为此他很想改变这种状况,于是就向爸爸求助。爸爸建议他从参加学校组织的英语角开始,因为在那里不但能锻炼自己的口语,还能结识不同班级、年级的同学。

开始的几天,康辉只是远远地看着,不敢走近去跟大家对话。爸爸知道后,就鼓励他战胜胆怯,积极参加这个群体。

终于,康辉鼓足勇气去了一次,后来就顺理成章地去了第二次、第三次……渐渐地,他的英语水平提高了,还结识了几个好朋友。现在的康辉,不管是在学校的球迷协会还是英语角里，都成了明星人物，跟谁都有着良好的友谊。

一个人要成就事业，首先就要有一定的交际能力。现代社会需要合作，男孩要想取得事业上的成功往往需要跟形形色色的人打交道，不善于社交的人，已经很难适应社会的发展了。然而，现在的孩子很少有兄弟姐妹，孩子整天被关在家中，难得自由自在地去找小伙伴玩。

但是，很多父母却对此不以为然。他们认为，孩子补补课、学学钢琴是正经事，而社交活动是不务正业。

可是这些父母是否知道，参加补习班、特长班，孩子的能力的确有所提高，但这些都阻碍了孩子正常的交流活动，容易造成孩子孤僻的性格，甚至养成他们以自我为中心的毛病。显然，这对孩子的交际能力的发展不利。

这绝不是危言耸听，那些社交能力强的男孩，在孤独寂寞的时候，就会有很多朋友分担他的忧愁；在事业发展的瓶颈时期，也会有很多人伸出热情的双手，拉他一把。社交明星们总是能轻轻松松地完成很多事情，因为他们的身后总是站着很多朋友。可是，你的孩子该怎么办？他只能在孤独中抱怨自己，甚至抱怨父母：谁让你们当年剥夺了我社交的权利！

所以，想要培养一个有出息的男孩，父母就不要限制他的社交活动，而是应该努力将其打造成一个社交明星。社交明星不一定非要具备很高的智商，但他们能够得到很多人的喜爱。男孩如果不懂得人际交往，把自己关在狭小的世界里，那么对他们的成长和事业发展都极为不利。

当然，与学习等相比，人际交往显然是一门更深的艺术。对于孩子来说，有时候不一定就可以准确把握。这时候，父母就必须伸出自己的援手。

(1) 让男孩多交朋友、多见识世面

父母要鼓励男孩走出家门，多见识世面，多交朋友。男孩如果拥有丰富的知识和开阔的视野，就容易在社交中找到合适的话题，从而拉近跟他人之间的距离。

薛栋以前很不爱说话，要不是爸爸妈妈问话，他一般都沉默寡言。父母带他出去玩，他也显得不合群，跟其他小朋友玩不到一起。

最近，爸爸经常带他到楼下和社区里的孩子打篮球，从而让他结识了几个年龄差不多的好朋友。除了切磋球技，还经常跟他们讨论其他话题，渐渐地，薛栋在家和父母的话也多了，在外面也敢于开口了。

周末的时候，薛栋竟然牵头组织本社区的孩子跟其他社区进行了一场篮球赛，这让父母都有些刮目相看。看到儿子的变化，爸爸妈妈更加支持他出去结交更多的朋友、参加集体活动了。

为了给孩子创造交流的机会，父母可以邀请其他小朋友来家里坐坐，让孩子去当小主人。这样，孩子就会更加明白说什么话、做什么事，这对他交际能力的培养非常有帮助。

(2) 教孩子懂一些基本的礼节

与他人交流，礼节是非常重要的一个环节。试想，一个衣着邋遢、满口脏话的孩子，怎么可能赢得他人的喜爱？所以，如何接待客人，该说什么样的话，这些父母都必须告诉他们。

陈宝小时候特别怕生人。有一次，爸爸带陈宝去工作单位，有位客人来跟爸爸谈事情，小陈宝一直没有与客人打招呼。

客人临走的时候与小陈宝打招呼、告别，小陈宝却愣在那里，不知道该怎么办。

客人走后，爸爸告诉小陈宝，客人来了，要主动打招呼，为客人端茶、盛饭，而且一定要用双手捧上，这样表示恭敬。如果客人送东西，一定要躬身双手去接。

在爸爸的教育下，小陈宝果然成为一个社交明星。

当然，父母的教育是一方面，以身作则是另一方面。如果父母在待客时就不注重礼节，那么要求孩子就没有什么说服力。相反，如果父母做得尽善尽美，那么有时候不必多说，孩子就知道怎么做。毕竟，孩子的模仿能力，是大大超出我们的想象的。

(3) 培养男孩的幽默感

一个说话风趣的人，势必会无限拉近与对方的距离，拥有一颗幽默的心，是赢得对方好感的最佳武器。活泼开朗、幽默风趣的人容易被人接受，因为他的内心永远都是一种豁达开朗的境界，这样的人更容易获得友谊。幽默风趣的个性，可以让男孩的语言、行为等充满智慧和欢乐，更容易与别人相处。

在日常生活中，家长可多跟孩子玩一些有趣的情境游戏，如躲猫猫、扮鬼脸，让孩子在游戏中充满开心的笑声。为男孩创造一个充满欢声笑语的家庭环境，培养男孩的幽默感，让男孩在跟人交往的过程中给对方带去快乐。

比如，父母可以用温柔、幽默的语言跟孩子交流："宝贝儿，你该上床休息了，而且玩具们都玩了一天了，他们也累了，就让他们回家休息吧，不然明天他们起不了床了。"这种幽默的表达方式往往能让孩子停止哭闹，找到快乐。

再比如，父母还可以经常给男孩讲讲笑话，或者用自嘲的方式化解尴尬，等等，在这样的家庭环境中生活的孩子，不仅拥有幽默感，更具有自信、坚强的品格特征。

（4）教男孩遵守基本的人际交往原则

在人际交往中，男孩需要遵守一定的人际交往原则，懂得尊重别人，懂得平等、宽容和合作，等等。

张行在幼儿园和几个小朋友商量做什么游戏，其他人都说玩"动物园"，而他却想玩"过家家"。但是他不想扫了大家的兴致，因为以前他曾经任性地搞得大家不欢而散，被妈妈狠狠地批评了一顿。

这次，他克制了自己，和同伴们一起高高兴兴地玩起了"动物园"的游戏。

在人际交往中，懂得合作宽容的人更受欢迎。因此，家长要告诉自己的孩子，凡事不能以自我为中心，要遵守基本的人际交往原则。

只要父母通过以上几条建议来培养孩子，那么他自然可以成为一名人际交往高手。没有人生下来就拥有高超的人际交往能力，只要父母在后天勤于培养，那么他自然会成为任何场合的"焦点明星"！

5.帮助男孩战胜社交恐惧症

喜欢封闭的男孩，如何能够成长为社交明星呢？

硕硕是一个胆小的小家伙儿，有一次学校举行联谊活动，身为学习标兵的硕硕被老师指定参加，去邻班讲讲自己的学习经验，然后还要表演节目。

这一下可把硕硕愁坏了，回到家里，妈妈听说了这件事。她开始鼓励儿子，并且想办法帮助儿子克服胆小的毛病。妈妈找来了小区里的几个孩子，请他们模拟邻班的同学，提前让儿子演习一遍。硕硕跟这几个孩子比较熟悉，在他们的鼓励下，表现得还不错。

第二天的活动中，硕硕有备而来，因此自然赢得了掌声。邻班好多孩子把他当成了偶像，主动要跟他交朋友，短短时间，他们就互相熟络起来。

有了这一次巨大的突破，原来害怕跟同学们交往的硕硕仿佛发现了新大陆一样，从此改变了好多。现在的他，经常对着许多同学侃侃而谈，看着他镇定从容的样子，妈妈非常欣慰。

很多男孩都有社交恐惧症，他们往往胆小、自卑，习惯把自己封闭在一个狭小的套子里，不敢走出家门，不敢跟陌生人说话，不敢主动结交朋友。这样的孩子长大以后，甚至会对社会有一种畏惧感，不敢独立面对社会，成不了大事。

面对这样的孩子，父母就必须帮助他们打消恐惧。因为，社交不仅仅可以提高与陌生人打交道的能力，更是锻炼孩子胆量的机会，很多男孩成为心里明白但表达不出的人，并不是语言能力差，而是因为缺乏开口的勇气，缺乏面对陌生人的胆量。只有孩子能够在社交活动中做到游刃有余，那么才会收获良好的人际关系，经营好自己的人脉。

那么，父母如何帮助男孩克服社交恐惧症呢？

(1) 不要夸大陌生人的可怕

不少家长出于对孩子安全的考虑，经常叫孩子不要和陌生人说话，使孩子不仅在陌生人面前不敢开口，甚至达到谈陌生人而色变的程度。但事实上，这条安全法则并不能保证安全，反而会让孩子产生社交上的困惑。

鑫博今年6岁半了，经常一个人乘公交车，在车上常常跟陌生人聊得火热，人见人爱。有一次，鑫博看到旁边的大哥哥在玩手机，他就主动地问对方："大哥哥您好，您的手机上有没有游戏啊，我最喜欢玩'愤怒的小鸟'了。"于是，大哥哥就跟这个小家伙探讨起来，聊了几站路，两人竟然成了好朋友，那位大哥哥还主动让鑫博玩了一会儿。

为什么鑫博如此大胆？这是跟妈妈从小的教育分不开的。妈妈在鑫博3岁的时候，就让他自己到小区里的超市里买东西吃。有时候，妈妈还故意让小鑫博一个人过马路，自己在不远处暗中保护。因此，鑫博小小年纪就像个小大人一样。

当然，妈妈严格要求鑫博不要随便吃陌生人的东西，也不跟着陌生人走。别看小鑫博貌似傻大胆，其实，他的安全防范意识很强。

陌生人并不都是"灰太狼",家长应该教会孩子防范危险,但不需要过激,否则很容易让孩子理解为陌生人都是坏人,失去了基本的安全感,患上了社交恐惧症。

(2) 鼓励孩子丢下包袱,轻松开口

家长要让孩子知道,在需要的时候,要大方地表达自己的意思,即使是面对陌生人,也不要有心理包袱。

有一次,妈妈带着涛涛去超市购物,由于一时疏忽,两人在超市里走散了。妈妈正急得满头大汗的时候,却听见超市广播处正在喊她,让她到服务台领涛涛。

妈妈欣喜地跑到服务处,发现小家伙正跟超市的工作人员一起做游戏呢。妈妈一把抱住小涛涛,问他:"是谁教你在这里可以找到妈妈的?"

涛涛回答:"你不是告诉过我,如果在商场里和你走散了,可以找人帮我,但是千万不要跟着陌生人到别的地方去。于是,我就找了个老爷爷帮忙,他说到商场广播处广播一下,妈妈就会来了。结果你真的来了。"

其实,孩子之所以不敢与陌生人交流,只不过是因为第一次的紧张罢了。当他敢于迈出第一步时,那么就会发现其实与陌生人交流并非难事。因此,父母应该多鼓励他去尝试,而不是藏在父母的身后畏首畏尾。

(3) 让孩子与同龄人建立良好关系

同龄人之间的交流沟通是障碍最少的,他们年龄相仿,经历相似,心理发展水平差不多。因此,如果孩子跟同龄人能够建立良好关系,那么他们跟其他人的沟通交流也不会有太大的困难。

当今社会,很多家庭都是关起门来自成一统,实行"闭关锁国"的政策,孩子只能与自己的长辈相处,缺乏跟同龄人之间的交流。家长要通过观察与了解,知道孩子喜欢什么样的交往对象,崇拜什么样的人物,从而帮助孩子选择爱好学习、对孩子有好影响的朋友为伙伴,让他们之间建立起友好的关系。

比如,父母可以让孩子去邀请邻居家小朋友来家玩,请小伙伴一起玩玩具、看图书、做游戏,等等,好好招待小朋友。还可以让孩子参加兴趣小组,跟志同道合的小伙伴儿在一起,增进他们的友谊。

走出去,才能发现外面其实很精彩。一个人如果不敢勇敢地走出去,不能克服社交恐惧症,不敢独立面对不同的人,不敢经受一下洗礼,不能见识更多的人和事,必定会限制他的人生高度。所以,对于社交恐惧症的孩子,我们要鼓励他张开嘴,和其他人说出自己的心里话!

6.引导男孩寻找友谊的天空

男孩和异性交往其实并不可怕。

周海刚上初一,不仅认识了许多男同学,还和不少的女同学成了好朋友。有时,他还和这些女同学一起到家里复习功课、在街上闲逛或者出去郊游。而这其中,一个叫刘媛媛的女孩与他更是亲密。因为,他们都是滑冰高手,因此自然非常聊得来。

这一切,被爸爸妈妈看到了眼里。一个周末,爸爸问周海:"周海,怎么刘媛媛总给你打电话？你俩不会是……"

周海明白了他的意思，大笑道："爸爸，你放心吧！我和刘媛媛是好朋友，哪有你想的那样！"

"胡说！"爸爸生气了，拍着桌子说，"那怎么每个周末都打电话！你一定是谈恋爱了！从今以后，你们俩别见面了，我明天就让你转学！"

"你！"周海委屈地说，"你怎么这么胡搅蛮缠！你凭什么干涉我的生活！"说完回到卧室，狠狠地摔上了门。

在爸爸的眼里，周海和女同学打成一片，这就是早恋的苗头。所以，他根本不想那么多，就强行干涉了周海的生活。然而，周海根本没有爸爸想得那么复杂，他和刘媛媛不过是好朋友，因此非常不理解，甚至憎恨爸爸的这种行为。这样一来，他和爸爸的关系一定会出现裂痕。

这样的场景，不仅发生在周海的家庭，很多家庭也都有这样的反映。父母的出发点没有错，但是不分缘由的管制，只能逼得孩子痛苦，从而做出一些出格的事情。一个有出息的男子汉不是管出来的，更不是强迫出来的。

事实上，孩子与异性交往，这根本不像父母想象的那般可怕。良好的两性友谊，正是孩子生活中必不可少的组成部分。而这份友谊，不仅可以使孩子提高自己的情感思维，获得新的视角、新的观点，还可以促进自我意识的发展和深化。与此同时，与异性交往，他们反而会更加了解异性，不把异性关系看得那么神秘，从而可以掌握与异性交往的正确方式。

具体而言，对于孩子的交际，父母应当这样做：

(1) 鼓励孩子交朋友

没有朋友的人生是孤独的。所以，对于有些内向的孩子，父母更应鼓励他们交朋友，告诉孩子良好友谊获得的途径——诸如认真听取对方的意见，朋友处于危难之时伸出援助之手，与朋友一起分享成功喜悦和分担失败痛苦等。当孩子渐渐有了属于自己的交际天空，你就会发现他比过去开朗了许多、成熟了许多。

(2) 告诉孩子交友的正确方式

父母不干涉孩子的交友活动，但不等于可以三缄其口。对于原则性的问题，父母必须向孩子阐明，要让他懂得怎样才能交到好朋友，什么样的朋友不能交。尤其是发现孩子和不良少年有来往时，更应采取平和的手段，让他逐渐摆脱"坏圈子"。

孙磊的爸爸喜欢收藏奇石，家里摆满了各种石头。有一天，爸爸看见收藏柜外边散落有几粒雨花石，于是问家里人谁动了收藏柜。一问才知，原来是孙磊的两个朋友偷拿了几个。爸爸问他："他们为什么要拿雨花石？"

孙磊说："他们都说那石头有花好看。"

爸爸说："虽然他们拿的石头不值什么钱，但是我要告诉你，如果你的同学想看，那可以过来看，可是发展到偷，这就是不恰当的行为。如果有一天，他们把家里的电视也抱走了，那你会怎么想？"

"我会很生气。"

"对。偷拿东西，就是一种不尊重。你的朋友不尊重你，你会尊重他吗？那么你们的友谊还会长吗？"

孙磊听完，若有所思地点了点头，说："我懂了，爸爸。这样的朋友，我的确不能交！"

孙磊爸爸的教育方式，非常值得父母学习。不用打骂，不用训斥，就让孩子懂得交友的道理，这会比限制更有作用。因为，不讲道理的限制，只会激起孩子的逆反情绪，反而让他与坏孩子靠得更近。

(3) 让男孩学会经营友谊

友谊如同盛开的花朵，需要双方共同维系、精心浇灌培育，不然就会枯萎凋谢。父母不仅要让男孩学会去找朋友，还要让他学会经营友谊。

赵飞跟李震是好朋友，他们经常互相帮助。比如，赵飞的数学成绩好，总是帮助李震补习功课，而李震则经常帮赵飞解决英语上的难题，结果两个小伙伴儿的成绩都得到了很大的提高。

这两个好朋友的父母也鼓励他们交往，赵飞经常邀请李震到家里一起写作业，玩耍等，而李震全家出去玩也常常带上赵飞。赵飞和李震在生活和学习上互相帮助、鼓励，后来，他们两个双双考上了理想的大学。

父母要告诉自己的孩子，当别人对我们有所帮助的时候，我们一定要心怀感恩，要懂得付出和回报。当朋友需要的时候，我们也要及时拿出自己的关心和帮助。只有这样，我们才能得到长久、真挚的友谊。

(4) 教男孩正确处理朋友间的矛盾

一次，李华回到家恨恨地说："我再也不跟大伟好了，今天老师检查作业，我忘记带了，想让他帮我遮掩一下，他竟然拒绝了，这也算好朋友吗？"

听了他的牢骚，妈妈没有生气，而是平静地说："儿子，让朋友撒谎本来就是你的不对，因为这件事情影响到你们的友谊就更不应该了。大伟平时经常给你讲解数学题，在学习上帮助你，还不帮你欺骗老师，这才是真正的朋友。有这样的朋友，你应该感到幸运啊！"

到了晚上，李华想着妈妈的话，又想到平时他和大伟的友谊，觉得当时自己太冲动了，是自己错了。于是，第二天一上学，李华就对大伟说："昨天的事对不起啊，你别往心里去！"

"没关系，咱们不是好朋友嘛！"两人又和好如初了。

父母要让男孩知道，能交到一个真正的好朋友不容易，不要因为一点小矛盾就耿耿于怀，甚至断绝了好不容易建立起来的友谊。朋友之间产生矛盾不仅要冷静，还要大度，因为这样才能让友谊经受住考验。

友谊的天空，是最能让人感到轻松的。因此，对于孩子的交友问题，父母还是放手为妙，让他自己编织一幅最美的天空。当然，别忘了你是一个"信号塔"，需要指引孩子在正确的天空里翱翔。放手加指导，你的孩子才能向着你的期望越飞越近！

细节 10 理财：如何教出理财力强、"钱途"无限的男孩

与其留给男孩万贯家财，不如培养男孩优秀、独立的理财能力，会理财的男孩懂得如何支配自己的金钱，如何度过生活中的"财政危机"。打造男孩子的理财能力，送他一个美好的"钱途"。

1.理财教育是男孩成长中的必修课

理财教育也是男孩成长中非常重要的一课。

邢斌上小学一年级的时候，就在爸爸妈妈的指导下把节省下来的零用钱存了起来。等到他上初中的时候，竟然有了三千块，看着这笔"巨款"，邢斌产生了一种"有钱人"的感觉。

在放暑假的时候，爸爸又开始给儿子灌输钱生钱的道理，让他从银行取出几百元钱来，在小区门口做起卖冷饮的小生意。一个假期下来，邢斌发现自己竟然赚了200多元，从此，他就对赚钱有了浓厚的兴趣。

下一个暑假里，他就又想出一个点子：花钱买了一台豆浆机和优质大豆，在冷饮摊上现磨现卖，不料效果竟然出奇得好。到假期结束，他舍不得这么好的生意，就让爷爷接手，他则在放学后来帮忙，赚的钱跟爷爷平分。

高中的时候，爸爸建议他专心学习，拿出一部分钱来购买相对稳定的基金。邢斌按照爸爸的指导，投资了基金。等到三年后上大学的时候，邢斌自豪地对爸爸说："爸爸，我上大学不用你给我一分钱了！"

在西方国家，财商和智商、情商并列在一起，被称为男孩教育不可或缺的内容。但是在我国，"万般皆下品，唯有读书高"的思想，使得很多父母不重视对男孩的理财教育，而只是一味让他们学习文化知识。

其实，理财教育也是男孩成长中非常重要的一课，每个人在社会上生存，都必须要有一定的经济基础才行。为什么现在有很多年轻人都是"月光族"？这关键就在于：这些年轻人从小就没有学会理财。而这样的年轻人，买车买房对于他们来说只能是奢望！

所以，为了避免孩子成年后成为"月光族"，对男孩的理财能力的培养，已经势在必行。父母要让他们懂得钱从哪里来，要让他们懂得如何赚钱、如何积蓄，让他们对自己的财富有一个长远的规划，这样他们才能避免长大后可能出现的"财政危机"。

那么，如何帮助男孩掌握理财能力呢？

(1) 让男孩正确认识金钱

在犹太家庭中，男孩的第一堂课就是认识金钱。金钱并不仅仅只是一张纸，有时候它还是亲情的体现、友谊的体现、劳动的象征。

周清的妈妈带他去姑姑家玩，姑姑家有个和他差不多大的弟弟，两个孩子很快玩到了一起。

正玩得高兴，周清不小心把玩具小汽车给弄坏了，弟弟哭个不停，周清却不以为然："不就是个破汽车吗，让我妈妈赔钱给你就是了，我妈妈有的是钱！"

妈妈听到后当场批评了他："这不是钱的问题，这是过生日的时候爷爷送给弟弟的，感情是钱买不来的。"

在妈妈的教育下，周清向弟弟道了歉。

金钱本身没有罪恶，因此，家长在男孩面前不必忌讳谈钱。相反，应该及早引导孩子正确认识金钱，让他们知道金钱并不是万能的，它买不来健康、感情，等等，不过人们的生活又离不开它。比如在男孩小的时候，家长就应该让他学会辨认硬币和纸币，并告诉男孩多少钱可以买多少东西等，等到男孩能够数钱之后，可以让他独立购物。

(2) 理财从消费开始

父母要引导男孩学会理性地使用金钱，不要过分地追求物质享受和盲目攀比，应当指导他独立地支配自己的消费。

周末的时候，妈妈让小学二年级的李华去市场采购。妈妈给他列出了一个购物清单，并且把钱交给了他，自己只跟在后面当"搬运工"。

在妈妈的鼓励下，李华圆满地完成了这次采购任务，买的蔬菜很新鲜，而且还学会了砍价，最后还比妈妈原来的预算少花了5块钱呢。妈妈很高兴，把省下的钱奖励了他。

从小让孩子学会理性消费，可以树立孩子的金钱意识，并让他感受到父母对自己的尊重和信任。

(3) 教男孩一些理财知识

父母不要认为你的孩子还小，给他讲解关于理财的知识他还不明白，其实，这些知识对于男孩的理财教育是十分必要的。当男孩知道用适当的方法可以使自己的财富增值的时候，他会很感兴趣的。在国外，很多家长都会让自己的孩子早早地接触股票、基金、债券、拍卖等理财知识。

比如，父母可以教给孩子一些股票知识，也可以开一个虚拟的账户，让孩子自己试着操作一下，买一只股票，过一段时间看看是能够赢利还是亏损。通过打造孩子的理财能力，将来他会有一个美好的"钱途"。当他体会到赚钱的不容易后，自然就会明白理财的重要性。

2. 从压岁钱开始教男孩学会理财

就因为压岁钱是男孩的一笔额外收入，那就更要好好地支配。

春节就要到来了，胖胖老早就盘算起自己的收入——压岁钱来了。这天，胖胖找到妈妈说："妈妈，今年的压岁钱你全给我好么？"胖胖以前的压岁钱都被妈妈"没收"了。

妈妈问："你要钱干什么用？你吃的、穿的、用的，不都是妈妈给你买吗？"

"这是我的压岁钱，就应该归我！同学们都是自己安排压岁钱，他们想买什么就买什么。我也想用压岁钱买两张周杰伦的唱片，我还想买辆漂亮的自行车，这样在同学们面前也有面子。"

妈妈想了想，耐心地说："儿子，虽然压岁钱都是长辈们给你的，但是，你也不能随随便便乱花。千万不能因为虚荣而大手大脚，你要学会把钱花在该用的地方，学会把钱存起来办大事。如果你能做到了这一点，那么妈妈就把压岁钱交给你。但是，如果你乱花，那么我就要'罚款'了！"

"好的，妈妈，就这么定了！"

从这天起，妈妈就有意识地给胖胖灌输一些理财知识，引导他把钱存起来"办大事"，每当胖胖想要花钱的时候，他就想起自己的"宏伟"目标——自己攒钱去西藏旅游。这样，他把能省的开销都省了，也不跟同学们攀比了。

压岁钱是男孩的一笔额外收入，每当临近春节，孩子就会期盼着发红包的日子早一点到来。长辈们给的压岁钱，使孩子们一夜之间成为"小富翁"，为此他们不免盘算着自己能够完全支配这笔钱。

然而，看着这样的"小富翁"，父母却犯了嘀咕。随着生活水平的提高，这笔钱的数目也越来越大，如果全给孩子而不加监管，那很可能会使他养成大手大脚的不良的财富观。为此，很多父母把孩子的压岁钱完全没收，弄得孩子整日念叨，就像父母抢了他们的钱一样。

其实，父母完全不必如此极端，反而可以利用压岁钱对男孩进行理财教育。现代社会是一个金融社会，一个不会理财的男孩，将无法立足于其中。由于我们的生活方方面面都与金钱有着千丝万缕的联系，因此，教会男孩如何支配金钱是理财教育的重要内容之一。

下面这几种方法，都可以帮助孩子巧妙利用这笔压岁钱。

(1) 不要让男孩养成摆阔的习惯

有些男孩因为虚荣心强，好面子，而压岁钱来得又特别容易，因此往往用大手大脚的花钱行为摆阔。这时候，父母就应该及时制止，通过讲故事等方法，让他明白：压岁钱可以花，但是决不能大手大脚。

皓杰过年的时候收了几个厚厚的红包，有了这笔数目可观的压岁钱之后，原本朴素节俭的他变得"阔气"起来：不是今天请同学们去喝冷饮，就是明天在生日宴上给主角送上"厚礼"，还给本小组的成员每人买了一顶名牌帽子，一时间出尽了风头。

有一天，爸爸去接皓杰回家，无意中听到皓杰在跟同学们约定："周末去动物园玩吧，门票我包了，中午我请大家去肯德基搓一顿！"

爸爸这才发现，自己的儿子有点拿压岁钱不当钱的洒脱了，毫无节俭意识，好像金钱的唯一用途就是用来摆阔了。于是，爸爸耐心地给皓杰讲了自己年轻时候的奋斗史，讲到做生意失败，为了省钱，自己喝自来水吃馒头的经历，小家伙听得都眼泪汪汪了。

最后，皓杰低下了头说："爸爸，我把压岁钱存起来上大学的时候用吧。我以后再也不乱花钱了。"

你看，其实一个亲身经历的故事，就会让孩子做出改变。所以，我们不必为此大发雷霆，那样反而更让孩子逆反，认定父母只是眼红自己的钱罢了。

(2) 引导男孩理性消费

在男孩拿到压岁钱之后，父母要引导男孩理性消费。比如，我们告诉男孩哪些东西是必须买的，比如文具、学习用品等；哪些东西可以不买，比如某件名牌衣服；哪些东西是一定不能买的，比如，毫无实际用途的某些奢侈品。

与此同时，我们还要告诉他：买东西时要货比三家，买那件性价比最高的，等等。只有这样慢慢地引导，男孩才会理性地花钱，把钱用在刀刃上，杜绝盲目消费、杜绝浪费。

(3) 让男孩养成储蓄的习惯

教会孩子怎么花，这只是理财的一个方面。真正有心的父母，还要教会男孩去储蓄，把这笔钱留到最该花的那一刻。

郑健是一名初中二年级的学生，别看他只有14岁，他可是同学中间有名的"小富翁"。原来，郑健从小就在妈妈的教育下养成了储蓄的习惯。

在他很小的时候，妈妈就在郑健生日的时候送给了他一个小猪外形的存钱罐，郑健非常喜欢。妈妈告诉他，要想让小猪吃饱，就要把平时的零用钱省下来喂给小猪吃。郑健上了小学之后，妈妈还帮他办了一个银行账户，把他的压岁钱都存起来，告诉他以后上大学的时候再用。

到了郑健考上大学的时候，他的存款已经达到了三万元，因此，郑健的学费和生活费都是自己解决的。

家长一定要让男孩计划好他自己的压岁钱该怎么花，引导他们给自己定下一个长远的消费目标，给自己一个美好的希望，这样可以规范他们平时的消费行为。

(4) 教育男孩勤俭节约

俗话说，由俭入奢易，由奢入俭难，从小教育男孩养成勤俭节约的习惯，对于将来他自己积累财富具有重要意义。比如，孩子如果想要买一件名牌的运动服，家长可以跟他讲条件，承诺如果他放弃这一款华而不实的衣服而买另一件性价比不错的，就允许他用省下的钱买一张喜欢的CD。用这样的方式，让男孩在生活中养成节俭朴素的习惯。

父母还可以让压岁钱与孩子的表现挂钩，如果孩子平时勤俭朴素，就承诺下一年给他更多的压岁钱，或者允许他自主合理地支配一定数额的压岁钱，等等。

说一千道一万，我们这么做的目的，就是为了让孩子懂得理财、学会理财。压岁钱对于孩子不是小数，倘若他们可以合理运用，那么等到他可以赚钱的时候，就不会变成一个"月光族"，依旧需要父母的援助。

3. 学会花钱

花钱也是一种能力，不会花钱，就不会理财。

李晓辉的家庭条件十分优越，因此从小到大，父母对他的要求就是百依百顺——那些价格令人咂舌的昂贵玩具，只要李晓辉想要，父母就毫不犹豫地花钱买下。

上学之后，李晓辉每次向父母要钱，他们也从不过问用途，总是有求必应。结果，李晓辉花钱没有一点技巧，同样牌子和款式的衣服，他一下买了三套，结果没穿几天就腻了，锁在了衣柜里。刚买没几个月的PSP游戏机，因为出了新款，就被打入"冷宫"。

就这样，每次只要是当时看上的东西，李晓辉就会不假思索地买下，结果买回来又发现用处不大，或者新鲜劲儿过去就不想再看一眼。虽然李晓辉每个月都要花掉不少钱，但是究竟都用在了什么地方，他自己也说不清楚。

看着满屋子的昂贵"垃圾"，很多同学都说他是个"冤大头"、"败家子"。为此，李晓辉苦恼极了。

也许有人会说，花钱还要学吗？有钱谁不会花？但是，同样是花钱，有的人花得不值，而有的人却是"好钢用在刀刃上"，物超所值。同样的钱，在不同的人手里能办不同的事。况且，没有人拥有取之不尽用之不竭的财富，再多的财富，如果不懂节制，没有合理的消费观念，也终会败光的。

人从出生开始，首先就是一个不折不扣的消费者，也就是需要花钱。即使父母家财万贯，为自己留下了大笔现金、几栋豪宅，但是，如果没有正确的消费观念，钱也只会如流水般地出去，最终坐吃山空。

对于消费观念比较差的男孩来说，花钱等于"败家"。比如，有的男孩一味只考虑自己的需求，从不考虑家里的经济情况，不能量入为出；有的盲目消费，不买对的，只买贵的，事后才发现自己所买的东西根本没有什么价值；还有的重复消费，很多东西刚买没有多久，就觉得跟不上潮流了，再去买新的。很显然，这样的花钱方式，是很不合理的。

花钱不是为了炫富，对于男孩来说，学会合理地消费，不仅是为了节约，更是为了形成理性的财富观念，学会合理地使用金钱，能使男孩走向成熟。所以，父母必须对此进行规划，而不是培养一个不懂事的"富二代"。

（1）监督零用钱的去处

俗话说，有钱能使鬼推磨，男孩手里有了钱，难免会抵制不住诱惑，把钱用在一些不是正途的地方。家长如果没有教会孩子正确地使用零用钱，轻则导致孩子花得不值，重则导致孩子走上歪路。

建松的爸爸是一名出租车司机，妈妈是一名银行职员，家境还算可以。然而，父母对建松的零花钱却从不过问用途，只是一味地满足儿子的要求。

后来有一天，老师通知建松的父母，建松已经两天没来学校上课了。建松的爸爸才得知，儿子的零花钱都"孝敬"网吧了。开始的时候建松还只是在放学后去上网，现在手里有钱了，竟然整日泡在网吧里。

于是，建松的爸爸下了禁令，只要建松再去上网，那就别想再有一分钱零用钱。在经济制裁和老师的耐心帮助下，建松终于摆脱了爱上网的恶习。这件事也让建松的父母开始关注起建松零花钱的用途。

监督孩子的零用钱流向，不是为了限制，而是为了避免让他走上歪路。所以，哪怕你给孩子再多自由，钱的流向也是必须清楚掌握的。

(2) 引导男孩树立节俭意识

中国的父母，都有这样一个传统：宁愿苦了自己，也不愿苦了孩子。不少家长不管条件如何，想方设法也要满足孩子的物质需求。

这样做，的确是爱孩子的表现。可是，孩子也会因此渐渐地养成了大手大脚的消费习惯——既然钱来得很容易，他又怎么会懂得珍惜呢？所以，父母应该从小事做起，培养孩子的节俭意识。对于孩子合理的消费需求，父母自然不需要过于苛刻，但是对那些明显不合理的需要，父母则应该坚决杜绝。

在日常的生活中，父母要把握好消费尺度，给孩子做一个好榜样，不要铺张浪费。只有这样才能使孩子树立勤俭节约的观念，形成正确的消费观。

(3) 教男孩学会买物美价廉的东西

父母要从小给男孩灌输成本的概念，让男孩懂得如何发挥金钱的最大价值。比如，同样的一件衣服，有的人 100 元钱买下来，有的只要 30 元钱就成交了。不是衣服的价值变了，而是人们的消费观念不同，那些会砍价的人，往往都能买到物美价廉的商品。

小振的爸爸带着 10 岁的儿子跑了 3 家商店，在经过比较之后，购买了一辆同一品牌，价格适中，但是质量上乘的自行车。然后，爸爸用节省的 20 元钱给小振买了一副向往已久的运动手套。

在回家的路上，爸爸教小振买东西时要货比三家，选择物美价廉、性价比高的商品，花最少的钱办最好的事儿。小振点头说："嗯，肯定的！我看爸爸买了这么多东西却花了那么点钱，觉得真厉害！以后我也要这样，那样自己的钱就能买更多东西了!"

(4) 禁攀比,引导孩子理性消费

当今社会,各种广告满天飞,孩子们因为年龄小、辨别能力差,因此会受到广告的诱惑,迷信那些所谓的名牌、高档品,从而形成不理性的消费观念。有的孩子非名牌不穿,非名牌不用,仿佛展示全身的名牌标志成了他们消费的唯一目的,成了名牌的奴隶。还有不少孩子还形成了互相攀比的不良风气,消费的目的不是为了实用,而是为了"面子"。

这时候,父母就要引导男孩形成正确的观念,进行理性消费。比如,冬天买衣服是为了保暖,款式美观大方即可;运动鞋也不一定非要耐克、阿迪达斯,要根据自己的家庭情况,结实耐用就好。只有这样,才能引导男孩学会正确消费,不乱花钱。

总而言之,父母不要觉得,孩子年龄尚小,大手大脚没有关系。假如他养成了习惯,那么在成年之后,他必定会付出惨痛的代价——因为,还会有谁给他钱让他有大手大脚的机会呢?

4. 养成储蓄的习惯,不为理财发愁

储蓄不是成人的专利。

武文花钱总是大手大脚,没有一点存钱的概念。有一次,爸爸带着武文去商场买东西,在运动品牌专卖柜台,武文被一双足球鞋吸引了。

武文可怜兮兮地看着爸爸,想让爸爸给他买。爸爸刚想掏钱,突然想到应该借这个机会给武文"上一课"。于是,爸爸故意说道:"这双球鞋太贵了,要二百多元呢,爸爸没带这么多钱。平时你妈妈不是经常给你零用钱吗?你要是存起来,自己就能买了。"

"哼,爸爸你不给我买,我自己存钱买!"武文还挺有志气。

回家后,爸爸把这事告诉了妈妈,为了让他养成存钱的习惯,妈妈就送给了他一个足球形的存钱罐。

就这样,武文开始了自己的存钱行动。过去,他一天吃两支雪糕,现在成了三天才吃一支,他把省下来的零用钱都"喂"给了存钱罐。到了年底,足球存钱罐已经沉甸甸的了,他用自己积攒的这些钱给乡下的爷爷买了一件羽绒服。

看到孩子懂得孝敬,妈妈很高兴,奖励他了一个厚厚的红包。武文拿到红包的第一件事,就是又把它存了起来。

俗话说,一分钱难倒英雄汉。钱虽然不是万能的,但关键时刻没有钱是万万不能的。所以,为了让男孩避免关键时刻被"一分钱"难倒的尴尬,父母们要教会他储蓄的习惯,积累财富,以备不时之需。

有的父母会说:孩子太小,现在有必要进行储蓄吗?其实,储蓄不是成人的专利,对于每月只有少许零用钱的男孩来说,储蓄更是一种能力,把平时不起眼的财富积累起来,可以帮他们实现一个大一点的消费目标,或者用这笔钱做一些有意义的事。养成了储蓄的习惯,以后无论男孩从事什么职业,不管收入的高低,他都能积累起财富,很好地生活。

不过,想让孩子学会储蓄,这并不是一件容易的事,因为他们总有那么多东西想要买。这个时候,我们就要引导孩子,让他养成储蓄的好习惯。

(1) 让男孩明白储蓄的意义

一个人即使现在衣食无忧，也不能保证将来没有不时之需。一旦我们的生活中遇到需要钱才能解决的困难时，如果手头有一笔储蓄就能从容应对，帮我们走出困境。对于男孩来说，将来长大成人之后，需要钱的地方很多：买房、抚养孩子、赡养老人，等等，如果手头没有积蓄，一旦遇到额外的开支，那么就真的要难倒英雄汉了。

因此，父母要告诉孩子，存钱是为了防止不时之需，哪怕平时存钱的数额不多，在需要的时候拿出来，也能解燃眉之急。就像在暑假，如果想买辆脚踏车，那么就可以动用自己的储蓄资金，而不是总等着父母来支付。

(2) 在日常生活中培养男孩的储蓄意识

对于年纪尚小的男孩，父母可以引导他给予自己一个短期目标，让他为此目标存钱。比如，孩子要买一双旱冰鞋，父母可以为孩子订一个明确的计划：每天应该存多少钱，存多少天就能买到，利用这个机会教孩子存钱。

成成最喜欢去儿童乐园里玩，几乎每个周末都要爸爸妈妈带他去。但是，这个周六爸爸妈妈却没有轻易满足成成的愿望，妈妈告诉他："儿子，儿童乐园的门票是10元，但是妈妈今天只能给你5元，等到明天再给你5元，这样凑够了10元你才能去玩。如果你不把今天的5元存起来，而是用它来买吃的，那么明天你就没有钱去儿童乐园。"

成成想了想，把钱存了起来。

当然，父母帮助孩子设立的目标不要太远，要在短期内能够实现才好。这样，孩子就会有目的地把父母给的零花钱积攒起来，从而懂得积少成多的道理。

(3) 给男孩一个独立的账户

男孩小的时候，零用钱不是很多，给他一个小小的存钱罐可以培养他的储蓄意识。等到男孩手里的钱积累得相对多了，家长可以帮他开设一个银行账户。当孩子在正式的存折上见到自己的名字时，他们会感觉到自己长大了，还会拥有一种自豪感。

要对男孩早一些进行金钱教育，从小培养起孩子正确的金钱观，让孩子习惯储蓄，习惯积少成多。父母以孩子的名义开一个账户之后，可以让孩子自己保管存折，告诉他如何使用，如何保管好自己的财产。

(4) 指导孩子合理分配自己的零花钱

让孩子攒钱的目的，是为了他可以更加合理地花钱。因此，父母不妨帮助孩子制订一个计划表，看看哪些是必须买的，哪些可以暂缓。这样，他对攒钱就有了更加深刻的认识，因此动力会更足。

马腾上中学以后，妈妈给他的零用钱数目多了，开始的时候，他是有多少花多少，根本没有计划，等到急用的时候，往往火烧眉毛，成了"穷光蛋"。

了解了孩子的情况之后，妈妈给他提了一个建议：把自己的零花钱分成三份，第一份用于日常开销，比如中午吃饭，平时买文具什么的，也就是用来购买必需品；第二份用于短期储蓄，为购买较贵重的物品积攒资金；第三份则直接存入银行里，作为长期储备。

按照妈妈的建议，马腾把自己的钱分成了三份，计算了必需品的花费之后，把剩下的钱分成两部分，一部分计划半年后的假期买一把吉他，另一部分直接存在了银行里。

结果，放寒假的时候，马腾不仅拥有了梦寐以求的吉他，还有了一笔存款。

没有一滴滴的水，何以汇集成汪洋大海；没有一棵棵的树，何以长成繁茂森林；没有一朵朵的花儿，何以呈现美丽世界；同样，没有平时一点一滴的积蓄，又如何积累出可观的财富？不要小看平时的一块两块、十块八块的小钱，让男孩把这些存起来，存的不仅仅是金钱，更是一种宝贵的财富观念！

5.培养男孩的经济头脑

男孩当真要学会赚钱的技能，这就需要有一颗经济头脑。

杰克·法里斯在13岁时，开始在父亲经营的加油站打工。平时，杰克放学后才到加油站，星期六和暑假期间则每天从早晨6：15干到傍晚7点。他的工作是迎宾，客人光临的时候，杰克就会立刻站到车门边，然后检查油位、蓄电池、皮带、软管和水箱，并且为车身擦拭尘土。

经过一段时间的工作后，杰克发现：如果将汽车打扫得干净，顾客便乐意再来光顾。而在这些顾客中，有一位老太太的车很难打扫。并且，这位太太非常挑剔，总是让他反复擦洗。

杰克有时候不耐烦，可爸爸却对他说："你的工作是为了赚钱，不管顾客提出怎样的要求，你都必须殷勤周到地服务好。"于是，杰克工作得更加卖力。

开始的时候，杰克的工资是每小时50美分，以后逐年增长。对于他的工资收入，父母帮他制订了一个计划：收入的10%用于救济穷人；收入的20%用来支付杰克自己的食宿；收入的20%要储蓄起来；余下的50%收入由杰克自由支配。

长大之后，杰克·法里斯成为美国最大的小企业组织——全美独立商行联合会董事长兼总经理。

君子爱财取之有道，这个"道"既是原则，又是方法。所以，我们就要培养孩子正确的经济头脑。只有拥有了良好的经济头脑，男孩才能通过合法的手段，让自己拥有富足的未来。

这个观念，在西方国家其实早已流行。但是很多中国的孩子，却只会花钱不会挣钱，不仅没有挣钱的本领，甚至有时候把一些正常的挣钱方式当作丢脸的事情。毕竟，在我国的传统观念里，孩子不宜过早与钱接触，很多父母都希望自己的孩子从小生活在远离"铜臭"的净土上。

但是，这个理论还适合当下吗？其实，在商业社会中，每一个人的生活都与金钱密切相关，人们的衣食住行都要靠金钱来实现。因此，培养孩子的经济头脑，对孩子进行正确的金钱教育是不可忽视的。父母要让孩子从小懂得金钱的价值、树立健全的经济意识，成为有经济头脑的人。只有这样，孩子长大之后更能自己挣钱，达则兼济天下。

那么，如何培养男孩的经济头脑呢？

(1) 让男孩通过劳动挣钱

在男孩还小的时候，父母可以让他通过做家务来赚取自己的零花钱。生活中，父母可以给男孩创造挣钱的机会，比如让他给小区的邻居送牛奶、报纸，等等。

(2) 鼓励孩子赚"干净钱"

洛克菲勒很小的时候就开始帮助家里干活,还经常跟着父母到农场劳动,以此赚取自己的零用钱。有一次,他看见农场里有一只无主的火鸡,于是抓住了它,将它卖给了邻居。

洛克菲勒的母亲批评了小洛克菲勒,但是他的父亲却认为儿子具有做商人的本领,鼓励他继续依靠自己的智慧赚取钱财。不过,他的爸爸说:"你尽量不要拿别人的东西去赚钱,这是不道德的。"

有了父亲的支持和建议,洛克菲勒开始了他的赚钱之道,比如,他经常给小区里的邻居们送报纸、牛奶,从中赚点辛苦费;收集一些废品出去卖,等等。等到了他十几岁的时候,已经成了一名精明的商人了。

鼓励孩子依靠自己的智慧赚钱,还要注意教育孩子不要走歪门邪道,要做合理合法的生意。符合这个前提,哪怕孩子去捡废品,父母也应该支持,不要怕丢了自己的"面子"。

(3) 让男孩参与家庭事务

不少父母觉得孩子小,没有必要让他参与家里的经济事务,至于经济头脑更是大人的专利,孩子是不可能拥有的。其实这种想法是不正确的,父母让男孩参与家庭事务,让他了解家庭的收支情况,这样就可以潜移默化地培养男孩的经济头脑。

比如,在家庭的支出计划上让男孩参与讨论,鼓励他出谋划策,这样会让他获得受尊重的感觉。同时,家长如何处理家庭财务,也会潜移默化地影响孩子,使他不自觉地吸收学习。这样,无形之中就会培养出他的经济头脑。

(4) 借钱给孩子

也许有的父母会说，将来我们的遗产还不是要给孩子继承，这不是多此一举吗？其实，这是一种错误的观念。孩子通过向父母借、然后还钱的这个过程，可以学会独立面对金钱的问题，不至于产生需要用钱就找父母的依赖性。有债务的压力存在，更容易培养男孩的经济头脑。

袁飞从小就是一个很会挣钱的小男孩，5岁的时候他就把自己动手做的小玩具卖给小区里的孩子，8岁的时候他就带妹妹给商场发传单。上高中的时候，他发现妹妹跟他一样，非常喜欢制作小玩具。而这些小玩具制作精美、造型新颖，别人看到都爱不释手。于是，他产生了在网上开一个玩具店的想法。

爸爸很支持他的想法，但是却跟他约定，借给他开网店需要买电脑装网络的钱，不能无偿为他提供。同时，妹妹做玩具也要付工钱。袁飞经过思考同意了，他郑重地写好借据，换来了爸爸的资金支持。

没想到，网店仅仅开张半年，他就还清了欠款。之后，随着网店知名度的提高，他的赢利越来越可观。到上大学的时候，他已经是一名"小富翁"了。

"亲兄弟，明算账。"其实父母与孩子之间也不妨如此。这么做，不是为了给男孩子难堪，而是要让他明白：钱是赚来的。尤其对于一个男孩，更要掌握全面的赚钱技能！当他有了这样的意识，自然就会形成较为全面的经济头脑。这样的孩子，才能在未来进入社会时保持心态平衡，而不是抱怨为什么"总没有钱"！

6.为自己的金钱做主

男孩从小学会管理金钱，长大后就不会花钱无度。

蒋方学习成绩不错，人缘也颇好，爸爸和妈妈都在银行工作，家境算得上殷实。但是在同学们的眼里，他却是一个有点抠门的人。比如大家一起出去玩，蒋方总是自己带上一个装满白开水的水壶，而不是在外面买饮料解渴；放学的路上，很多同学都给自己买些可口的零食，但是蒋方却从来不买；春节之后，同学们都用自己的压岁钱为自己添置一些喜欢的物品，而蒋方却跟平时一样，总是把钱存起来⋯⋯

蒋方的这种习惯，是从小在父母的教育下养成的，在别的孩子还不知道理财是何物的时候，蒋方就拥有了自己的银行账户。就这样日积月累，不知不觉中蒋方的账户上竟然已经存入了 2 万多元。当上大学的时候，蒋方不仅自己解决了学费问题，而且还利用自己积累的钱，在学校租下了一个报刊亭做起了生意，为此成了系里有名的"小财主"。

蒋方还设置了勤工助学岗位，请几个家境不好的同学到报刊亭帮忙，帮助解决他们的生活困难。谈到这些，蒋方非常感谢父母对自己进行的理财教育，让自己学会了节俭积蓄，更学会了如何赚钱和付出爱心。

男孩在自己赚钱之前，也会拥有一些收入，比如家长给的零用钱，逢年过节时长辈们给的红包。当上学之后，有些学校还会给学生提供助学金、奖学金，等等。而如何让男孩学会管好这些钱，这是男孩理财教育的重要部分。

西方国家很多父母们从小就会对孩子进行理财教育。比如，财商较高的犹太人，他们在对孩子的理财教育上就很有一套。他们送给孩子的生日礼物往往是股票证券等，从小给他们灌输投资理财的观念，让他们学习管理自己的金钱。这种耳濡目染的理财教育，往往使孩子年纪不大就对金钱产生浓厚的兴趣。而我们中国父母往往倾向于给孩子的少儿时期创造一片净土，不让他沾染上"铜臭"，因而理财教育往往起步较晚。

其实，父母应该教育孩子从小管好自己的金钱，教他们使用理财工具和理财技巧，让孩子建立理财意识。让男孩知道，金钱不仅仅是用来消费的，还可以用来积蓄或投资，而后者更加重要。只有让男孩学会管理自己的金钱，他长大后才能拥有成熟的金钱观，并轻松地创造财富。

(1) 让男孩养成记账的习惯

很多男孩成年之后还保留着花钱如流水的习惯，对于自己的收支情况没有清晰的概念，这源于没有养成记账的习惯。一个人手中有了钱之后，就会有收入和支出，要对自己的收入和支出做到心中有数，记账是很有必要的。记账能清楚地反映出金钱的流动状况，父母要教会男孩理财，不妨从记账开始。

宋钦每个星期有15块钱的零花钱，但是他总是没有计划，拿到的钱常常前三天就花完了，然后剩下的几天里就成了"穷光蛋"，实在需要钱了就又去找父母要。

于是，爸爸给了宋钦一个记账本，让他把自己每天的开支和收入都记录下来。记账之后他发现了自己的一些失误，比如，星期一拿到钱之后，自己买了一件根本不需要的东西，只是为了得到一件好玩的赠品；星期二买的两包零食没吃完，给了自己养的小狗。因此，还没到周末，自己又两手空空了。

一个星期后，宋钦买东西前都会先看看账本，看看还剩多少可以支配的资金，然后量入为出。现在，宋钦的零花钱不仅有了结余，还学会了预算。

(2) 让男孩为自己的钱做主

父母把零花钱或者压岁钱给了男孩之后，要合理引导，给他一定的自由支配权，只要男孩不是把金钱用在歪门邪道上面，父母就可以耐心地引导男孩学会使用金钱。

比如，父母可以告诉男孩，不该花的钱不要乱花，节约一块钱就等于收入一块钱。哪怕手里的结余很少，也要做到月有储蓄、年有存款；哪怕每年只有几百元，时间长了自然积少成多；对于自己的正当消费需要，要做好预算，不能因为一时头脑发热而导致"饥荒"。通过这样的教育方式不仅可以帮助男孩养成终生储蓄和理性消费的好习惯，还能让他们在长大以后妥善地保管好自己的金钱，不至于花钱无度。

(3) 教孩子制订花钱计划

很多孩子在手头有钱的时候，会忍不住将身上的钱全部花出去。但是他们很快就会发现当真正需要的东西出现时，自己却没有了购买的能力。因此，父母应该教会孩子制订花钱的计划，养成合理支配金钱的意识。

比如，孩子要送好朋友一件200元的生日礼物。父母可以帮儿子计算，他一个月的零花钱是多少，必须支出的是多少，能够结余多少。然后，就要引导他在接下来的几个月里每周需要存下多少钱，才能达到预定的目标。如果孩子的零用钱没有这么多结余，家长还要引导他思考，他自己应该如何去筹集这笔钱，是通过向父母借贷，还是用自己力所能及的劳动去赚。

这样，通过制订未来的花钱计划，孩子就能在日常的生活中规范自己的行为，不论是存钱还是赚钱，都能培养孩子的自立能力和理财能力。一个对钱有着全面规划的男孩，又怎么可能在未来总是陷入缺钱的状态中呢？

细节 11 | 冒险：如何教出大胆探索、勇敢坚强的男孩

男孩子一刻也闲不住，他们多半喜欢强烈、
刺激的活动。面对男孩子的冒险欲望，
父母应该适当地引导，而不是横加制止。
爱冒险的男孩子，能更大程度上
释放自己的能量和精力，
也会通过自己的方式去探索世界。

1. 培养男孩冒险的精神

冒险是男孩的一种天性，这种天性是不应被扼制的。

小明从小和爷爷奶奶生活在一起，已经10岁了却还没有出过远门。平时看到小朋友们和爸爸妈妈旅游很是羡慕，所以也跟爸爸妈妈申请了几次。又一年的暑假到了，小明爸爸的单位要组织一次旅游活动，到100多公里以外的一座山上野营，他准备带着小明一起体验一下。

爸爸问道："山上没有交通工具，要靠自己的双脚一步一步走，还要自己背着行李，晚上还要在山上露营，你敢不敢去？"

小明说："那有什么不敢的，我可是有勇气的男子汉呢，我一定要尝试一下。"

"嗯，好，既然你兴趣这么浓，那爸爸就带你去，不过可说好了啊，不管遇到什么困难，爸爸都和你在一起，你可不许畏缩哦？"

"一言为定。"

小明第一次出远门，兴致很浓，一路欢歌笑语，成了大人们的开心果，爬山时即使满头大汗，也不肯落在后面，最终和所有人一起爬上了山顶。很快，夜幕降临。

夜晚，爸爸陪着小明坐在山顶上数星星，后来还让他独自一个人待了许久，自己只是远远地看着，以锻炼他的胆识。小明起初还是战战兢兢的，后来他不断给自己加油打气，告诉自己是个男子汉，天不怕地不怕，回头看到远处的爸爸和叔叔们，更是哼着小曲儿自己数上星星了。

很快，小明结束了这次冒险旅行，回到家里还写下了第一篇冒险日记，受到了老师和同学的好评。

健康的而富有好奇心的男孩子，自然是"初生牛犊不怕虎"。所以，冒险对他们来说就是一种天性，仿佛不知道"怕"为何物。世界在他们的眼中是新奇的，他们喜欢张扬，喜欢与众不同，他们是一群生机勃勃的冒险家。

男孩一般比较自信，也比较勇敢，做事情往往会不计后果。男孩总是给父母上演一幕幕惊险的剧目，那是因为他们喜欢竞争和挑战。他们的体内燃烧着自信的火焰，在冒险中他们会觉得兴奋，他们身上有着不为任何理由就去冒险的倾向。男孩的冒险行为会有一定的危险，这是自然的选择，也是男孩成长的必经之路，只要男孩的冒险活动不会造成严重的后果，就应该许可他们的活动。

当然，在他们的冒险过程中也许会有一些小的失误，父母不能因此就制止干涉，而应该让他们在磨砺中成长。所以，父母不要再把男孩抱在怀里，事事控制、处处阻拦，而应该肯定他们的冒险精神，从小培养他们勇敢果断的个性。

那么，父母如何引导男孩在冒险中成长为不怕风雨的参天大树呢？

(1) 包容男孩的冒险行为

海洋今年三岁了，长得虎头虎脑的，十分可爱，平时总有些奇思妙想。有一天，爸爸妈妈都上班去了，奶奶一个人在家看孙子，结果奶奶在厨房包饺子的工夫，海洋自己跑到浴室放了一浴缸的水。然后，小家伙拿来姑姑给他买的救生圈，就跳进水里扑腾起来，奶奶怕他着凉，让他出来，他竟然振振有词地说自己在学游泳，长大了要去当海军，奶奶听了哭笑不得。

爸爸妈妈回来以后，奶奶把这件事当笑话跟他们说。妈妈没有责备海洋胡闹，而是认真地问他:"你想学游泳吗?如果想学,妈妈周末带你去游泳馆好不好?"

周末,海洋高兴地跟妈妈去了游泳馆,很快就学会了游泳。

从生理上来讲,男孩的冒险行为是天生的,这是自己无法控制的。所以说,父母要给予理解和宽容。妈妈没有责备海洋,反而是用宽容的心态引导海洋学会了游泳的技能,从而让孩子的冒险成为健康成长的一部分。

(2) 帮助男孩认识危险

年纪尚幼的男孩,往往对事情的后果缺乏理性的预判。不管怎么样,先干了再说,这也是让绝大多数父母头疼的主要原因。因为,一旦产生严重后果,对男孩的伤害很可能是伴随终生的,甚至,还会有生命危险。因此,对于男孩的冒险行为,父母应该提早做好预防,给孩子讲一些安全知识,切不可因为孩子的无知和冲动而造成不可挽回的后果。

某天,妈妈看见4岁的儿子亮亮正在聚精会神地摆弄什么东西,过去一看,顿时吓了一大跳,连忙把他拉到一边。原来,亮亮看见家里的电源插头有个黑洞,就想用小手指去捅一捅,小洞太小,他又想找根铁丝来,幸亏妈妈发现及时把他拉开,不然就危险了。

像亮亮这样的行为还不止一次,有一次亮亮爬上三楼楼道的窗户,想学习小飞人。要不是隔壁的王叔叔一把把他抱住,他可能真的就跳下去了。妈妈非常严厉地把他批评了一顿,并且告诉他这样危险的行为是绝对不允许的,不然会很疼,甚至会死。对于"疼",特别是"死",亮亮还是很害怕的。从此以后,他再也不敢做那么危险的事情了。

当然,我们不能因噎废食。危险的存在,不是我们剥夺孩子冒险的理由。

(3) 支持男孩相对安全的冒险行为

为什么男孩天生就比女孩喜欢冒险呢？心理学家的研究证明，冒险是男孩的天性，是写在基因里无法禁锢的自然法则。男孩需要一些冒险的行为去释放自己的能量，这是他们认识和探索世界的方式，然而他们的知识不丰富，对危险的认识程度不深，行为往往不成熟。

男孩总是对世界上的一切事物充满着好奇的心理，总想弄个明白。因此，父母也不要总是把他关在家里，与其防堵，不如疏导。父母应该支持男孩在安全的状态下参加一些冒险活动，这样可以释放他的精力，使得他在实践中更快地成长。

比如，男孩热衷于冒险活动，父母可以带他去儿童乐园，让他玩一玩惊险的过山车，过一过艰难的铁索桥，等等。在安全和冒险之间找到平衡点，这样才有利于利用男孩爱冒险的天性，培养他积极向上的人生态度和勇敢无畏的个性。

2. 保护男孩的英雄主义情怀

英雄主义不是暴力，家长要加以适当的引导。

正在公司参加会议的李斌爸爸突然接到了老师的电话，老师告诉他，李斌又打架了。这一次，李斌把对方打得头破血流，对方已经住进了医院。

放下电话，爸爸急忙赶往学校。经过老师的叙述，他才明白李斌打架的原因。

原来，被打的同学是高一年级的学生，这名学生是全校有名的"问题学生"，经常向低年级的同学"借钱"，从来不还，谁要敢拒绝他，他还拳脚相加。这一次，他又敲诈李斌的好朋友王宏，正好被李斌看见了。于是，李斌不怕对方的大个子，上去就把他打了一顿。当然，李斌也被对方打得流了鼻血。

爸爸带着李斌回到家里，生气地说："你看看你得意的样子，难道你觉得你没错吗？"

"我就是没错，我是打坏人，同学们都说我是英雄呢！"

"还英雄呢！除了用拳头，你就不能用别的方式解决问题？不能找老师，不会告诉他家长？再不行，发动同学们抵制他，不一定非要打架啊！你要把人家打成重伤怎么办？你要被人家打成重伤怎么办？"

爸爸连珠炮似的的问题让李斌低下了脑袋说："我当时没想这么多啊！现在还真有点后怕。"

很多男孩看到有人恃强凌弱、以大欺小时，会毫不犹豫地出手相助，挥动他们的拳头冲向对方。这种爱管闲事的暴力倾向，让父母很是担忧，生怕他走上一条歪路。

但事实上，男孩子的这种行为，根本没有想象的那么可怕。男孩体内的暴力因子，很大程度上源于他们的英雄梦：英雄情结，渴望自己就是"路见不平一声吼，该出手时就出手"的游侠。

男孩崇拜那些荧幕上的强者，那些正义的化身，他们常常幻想自己是身怀绝技，与恶势力作不懈斗争的英雄。他们喜欢伸张正义，遇到问题常常首先想到用暴力解决。心理学家证明，每个男孩都有一种本能的英雄情结，他总是同情弱小,希望正义永远战胜邪恶。男孩的这种英雄主义是男性区别于女性的很明显的心理特征之一。

所以,对于男孩子这种正常的心态,父母不要着急着训斥。我们要做的,是对孩子进行合理引导,让这种英雄主义情结发挥正确的作用。

(1) 父母要正确认识并引导男孩的暴力倾向

首先,父母必须认识男孩的英雄主义情结:男孩在儿童时代,会崇拜那些拥有庞大能力的人物,像孙悟空、奥特曼,等等,会对战斗、冒险以及挑战性很强的游戏产生越来越浓厚的兴趣。进入青春期之后,男孩的睾丸激素含量达到最高值,促进肌肉增长,降低脂肪存储,增加力量,这时期的男孩会焦躁不安,攻击性也更明显,很多危害性的暴力行为就是在这个阶段产生。因此,青春期也是一个危险期,等到男孩二十四五岁时,他的生理和心理发育基本成熟,情绪才会平静下来,更加理性地看待问题。但他还是渴望竞争和有所作为,渴望保护别人,这种英雄情结是伴其一生的。

认识到这一点,我们才能作出正确的引导,不至于让孩子陷入暴力的泥潭。比如,出门逛街时,妈妈可以在儿子面前示弱,让儿子为自己当"保镖",这样可以满足男孩当英雄的心理。当男孩因为打抱不平而去打架的时候,父母要告诉男孩一些合理的帮助他人的办法,而不要用暴力行为。

(2) 父母不能把"拳脚"当作教育孩子的方式

男孩动不动就挥动拳头,每个父母都不会感到高兴,毕竟暴力是不能从根本上解决问题的,而且还是非常危险的行为。但父母需要明白,也许孩子这么做,很大程度上是在模仿家长。所以,想要尽量避免孩子的暴力行为,最关键的就是在家庭中避免以暴制暴的教育方式。

高原放学回家,妈妈发现他的衣服脏兮兮的,书包带子也被扯断了,脸上还青了一大块。

妈妈问他:"你是不是又和别人打架了?"

高原满不在乎地说:"隔壁班的一个学生踩了我同桌强强的脚,却不道歉,我就跟强强把他打了一顿。最后他服了,才跟强强道了歉。"

妈妈生气地说:"我跟你说了多少次了,打架解决不了问题。等你爸爸回来我让他狠狠揍你一顿!"

没想到高原一点不怕,反驳说:"你还说打架解决不了问题,那你怎么让我爸揍我呢!还不一样崇尚暴力!"

妈妈顿时哑口无言了。

如果父母为了制止孩子的暴力行为,而采用同样的暴力手段,这就令孩子产生了如此的意识:想要说服别人,那么一定要靠拳脚。这种负面暗示,只会帮孩子养成爱打架的习惯。

(3) 让男孩知道什么是真正的英雄

男孩子之所以总动拳头,是因为他们觉得这样"英雄"。因此,父母就要告诉他,一个真正的英雄不是靠拳头打出来的,而是要运用智慧的头脑和正义的情怀来巧妙地帮助别人。

此外,父母还要告诉男孩,做英雄也要考虑自己的行为是否安全,一个人如果连自己都保护不好,何谈保护别人呢?

父母可以给男孩讲解一些在紧急情况下保护自己的知识,要学会运用自己冷静的头脑巧妙地摆脱困境或者险境。比如,有同学落水了,如果自己不会游泳,千万不要跳水去救,可以找绳子或者比较长的东西拉他上来,并大声呼救,找人帮忙等。

当然,男孩子的这种英雄主义情怀,这是必须保护的。一个孩子充满正义，他才能做一个对他人、对社会有用的人。所以，对于孩子的暴力行为，我们要尽可能引导，而不是不由分说地打骂，否则就会让孩子产生"正义是错的"的不良观念。

3. 男孩淘气不是罪

男孩的淘气不是罪，父母不必如临大敌。

刘鹏是小区里出了名的顽童，没有一天不闯祸的：不是今天把花圃里的月季拔掉了，就是明天把王姨家的宠物狗踢得嗷嗷叫。因此，他家总是门庭若市，当然很多都不是来做客的，而是来"告状"的。

这天，爸爸的一位朋友来家里做客，刘鹏又爬到柜子上扮猴子，还不停地挥动拖把自称"齐天大圣"。爸爸有些尴尬，就对刘鹏说："鹏鹏快下来，去你房间自己玩好不好？"

刘鹏不情愿地下来，回到了自己的房间。爸爸以为这次刘鹏能消停一会儿了，可没想到才过了几分钟，就听见儿子的房间里动静不小。他赶紧推门一看，原来儿子正拿枕头当陪练，一边唱着"哼哼哈嘿"，一边拳打脚踢。

"不好意思，我儿子太淘气了。"爸爸跟客人说。

不过，那位叔叔没有生气，而是说："我看鹏鹏很有运动天赋，你何不让他学一下跆拳道？"

在这位叔叔的建议下，爸爸给刘鹏报了跆拳道班。从那之后，爸爸妈妈发现，刘鹏不再淘气了，而是总爱泡在武术馆里施展拳脚。

现实中，像刘鹏这样的淘气包不在少数。比如，有些孩子爱搞破坏，父母花钱给男孩买了昂贵的玩具，希望他能好好玩，可是不到几天，男孩就把它拆成了一堆零件；有的男孩把爸爸精心培育的鲜花一把拔出来；还有的在悬挂的名贵字画上涂鸦……

于是，父母们常常拿出自己"变脸"的功夫，一会儿如和风细雨："乖，不要淘气，妈妈给你买糖吃。"或者拿出自己当家长的权威来，板起脸来说："不要这样做！不然屁股开花！"可是，孩子却像那无法无天的泼猴一般，无论是和颜悦色的劝说，还是暴风疾雨的训斥，他们依旧我行我素，将淘气进行到底。

为什么男孩子总是这么淘气，总有那么多的精力释放不完？其实，男孩淘气不是罪，父母不必如临大敌。要知道男孩的小破坏往往是探索世界的开始，出格的淘气行为背后，是男子汉们成长的前奏。

男孩有着旺盛的精力和强烈的好奇心以及表现欲，他们不像女孩那样喜欢安静地坐着，不喜欢照顾布娃娃。男孩更喜欢破坏、喜欢尝试新事物、喜欢调皮捣蛋，他们往往是麻烦的制造者。

面对这些淘气的男孩，很多父母会采用简单粗暴的批评、训斥来限制他们，而看不到他们淘气背后聪明的头脑、灵敏的反应。而一旦父母采取了打骂的方式，那么就会对男孩子的成长产生非常不良的后果——或许变本加厉，超过正常范围；或是压抑自己，对什么都提不起兴趣……

所以，对于淘气的男孩，父母不要采取那些不合理的举动。只要引导得当，那么这匹脱缰的野马，反而会成长为日行千里的良驹。

(1) 让男孩对自己的行为负责

男孩因为淘气闯祸之后，不少父母的第一反应就是教训他一顿，然后帮助男孩收拾烂摊子。其实，父母应该让他为自己的行为负责，事实的教育远比说教更有效。

比如，儿子打碎了邻居家的玻璃，父母要让他拿出自己的零用钱来赔偿，并上门道歉。这样通过让他为自己闯祸负责的方式，接受教训，同时还可以培养他的责任心。

(2) 合理控制，原则问题不让步

孩子的淘气很正常，但是，孩子缺乏对行为的把握能力，是非善恶分辨不明确，因此父母也不能完全听之任之。

例如，如果孩子提出一个不合理的购买要求，并用打滚耍赖的方式要挟父母，孩子的这种行为就不能鼓励，一旦这次妥协了，就会有第二次、第三次，从而使男孩养成不良习惯。

再比如，孩子在公共场合影响他人、做出没礼貌没素质的事情，父母都必须立即做出批评。在原则问题上，一定不要手软，不要让孩子淘气的天性，最终发展成了人人厌恶的恶习。

(3) 培养男孩的自制力

淘气的男孩的确让人很生气也很无奈，但这是他们的天性，父母一定要控制自己的情绪，耐心地引导男孩。一般来说，男孩自制力差，喜欢我行我素，所以父母要培养男孩的自制力，引导他们把旺盛的精力转移到有意义的方面。

父母可以引导男孩学习书法、画画、围棋等有益的事情来培养他的注意力和自制力；也可以通过让男孩参加一些有益身心健康的活动来宣泄他旺盛的精力。比如，可以带着男孩参加一些体育活动或是公益活动、社团活动等。

(4) 抓住在孩子淘气中蕴涵的教育契机

男孩子的淘气过程，正是父母对他教育的最佳时机。例如，孩子把东西往水盆里扔，这是孩子的探索行为，父母要理解孩子，并抓住机会引导他：可以和孩子一起做玩水游戏，也可以做个沉浮小实验，同时告诉孩子，什么东西不怕水，什么东西怕水，怕水的东西不能放进水里等。

如果父母可以这么做，那么，孩子的探索兴趣得到了满足，又获得了有关的知识，发展了动手能力。

(5) 别扼杀了孩子的好奇心

孩子的淘气，归根到底是因为他的好奇心。如果父母因为孩子的淘气就斥责或打击他，那么，他的求知欲望就会被泯灭，正在萌发的自信心也会遭到扼杀。

所以，父母应该珍惜孩子的这种求知心理，抓住时机，予以引导：一方面，要向孩子介绍新接触到的事物的简单知识，满足孩子的好奇心和求知欲；另一方面，父母要耐心讲道理，帮助孩子"淘气"，并要求孩子不影响成人工作或损坏东西。这样，既能满足孩子的好奇心，又能使他获得新知识，形成好行为。

如果通过以上方法，孩子在家中依旧过于淘气，那么父母不妨带着他到医院咨询，以免孩子患上多动症。毕竟，淘气也有一个度，超过了这个范围，父母就必须引起重视。

4.男孩需要坚强的意志

男孩的成长本身就是一个冒险的过程，这个过程需要坚强的意志作支撑。

张扬是家中的独子，平时总喜欢和女生一块玩那些踢毽子、跳绳之类的游戏。他说起话来也不像其他男生那样大大咧咧，而是细声细气，就连性格也是柔柔弱弱的，很多同学都叫他"林妹妹"。

有一天正在上课，张扬突然哇的一声哭了起来，老师经过询问，才知道原来是张扬的女同桌养了一只蚕，这只蚕吓哭了他！为此，老师给张扬的爸爸妈妈打电话说："你们的儿子简直比女生还女生呢！怎么一点阳刚之气都没有啊！"

爸爸妈妈也非常着急，张扬的小名叫"小虎"，爸爸妈妈就是希望他跟小老虎一样坚强、果断、阳刚。为了培养儿子的阳刚气，爸爸妈妈给他报了跆拳道班，让他锻炼自己的身体和胆量，同时多跟男孩子一起玩。

跆拳道培训强度很大，扭扭捏捏只能被"揍"。在这样的环境中，张扬自然很难再像过去一样，总是那么害羞。就这样训练了一年多，他终于变得坚强开朗，以前的"娘娘腔"也没了。

每一位家长，都希望自己的孩子成长为一个真正的男子汉，坚强如铁、勇猛如狮，洋溢着阳刚之美。然而，现实生活中，有些男孩的表现却与这个期望背道而驰。这其中很大程度上的原因在于：如今的幼儿园、小学都以女性老师为多，从女性怀抱中走出来的孩子，大都受到潜移默化的影响，不自觉地以女性形象规范自己。所以，有的男孩比女孩还要阴柔，毫无阳刚之气。

客观条件，我们暂时无法改变，但是父母可以通过家庭教育，培养出男孩的阳刚之气。我们不应该给予男孩子太多的呵护，需要让雏鹰在广阔的天地中接受风雨的洗礼。只有经过生活的摔摔打打，才能培养出阳刚大气的男子汉。具体来说，父母要从以下几个方面着手。

(1) 从小让男孩独自面对痛苦，培养他勇敢坚强的品质

爸爸妈妈们在孩子遭遇小小的痛苦和磨难时，不要守在他的身边，让他有依赖和撒娇的对象。只有离开孩子，让他独自面对困难和痛苦，经受锻炼和考验，他才会勇敢坚强。

阿星到了换牙的时候了，有一颗门牙老是摇摇晃晃不肯掉下来，爸爸决定带他去拔牙。到了医院，阿星有点害怕，抓住爸爸的手不肯放，哭哭啼啼的就是不肯跟医生合作。爸爸说："儿子，你是勇敢的男子汉，不要怕，爸爸在外面等你！"然后到门外去了。

过了一会儿，阿星走了出来，笑嘻嘻地说："爸爸，虽然拔牙有点儿疼，可我一声也没哭！"

爸爸高兴地夸他："儿子，你真勇敢，你是好样的！"

阿星的爸爸鼓励孩子自己面对拔牙时的痛苦，而不是守在孩子的身边，就是要让儿子自己去直面痛苦和磨难。孩子没有了依靠，自然会丢掉幻想，勇敢坚强地面对一切。

(2) 不要过于束缚孩子

谭亮的父母管教孩子非常苛刻，他们信奉"棍棒底下出孝子"的古训，对儿子几乎像对待罪犯一样，只要谭亮出一点差错，就会被严厉地训斥。

有一次，家里来了客人，谭亮刚刚走出房间，想给客人倒杯水，妈妈就说他："大人说话，小孩子凑什么热闹，赶紧回屋学习去。"星期天的时候，谭亮想和同学们去敬老院献爱心，又被爸爸泼了冷水："就知道出去瞎玩，不许出去！乖乖在家做作业吧。"

渐渐地，谭亮变得懦弱、胆小、内向起来。

对于男孩，父母其实大可不必如此费心地把他们锁在家里，粗放式的教育更利于他们成长。如果孩子锻炼的机会不多，父母还需要帮他们创造机会，不要把家庭当成男孩的囚笼，这样是培养不出阳刚的男孩的。

在日常的生活中，父母可以给孩子表现自己的机会，比如客人来了让他帮着招待跟父母交流的时候说说学校发生的趣事等，还可以让男孩子多参加室外和群体活动，比如带他到公园、大自然中玩耍，等等。只有不把男孩束缚在套子里，他才能茁壮成长。

(3)适当给孩子冒险的机会

对于孩子来讲，他们的成长过程就是一个冒险的过程。鲁迅先生曾经说过："孩子初学步的第一步，在成人看来，的确是幼稚、危险、不成样子的，或者简直是可笑的。但无论怎样的父母，都是以急切的希望的心，看他跨出这第一步去。决不会因为他的走法幼稚，怕要阻碍阔人的路线而逼死他；也决不至于将他禁在床上，使他躺着研究能够飞跑时再下地。因为他知道：假如这么办，即使长到一百多岁也还是不会走路的。"

是的，学步就是一种冒险，因为有跌倒的可能。父母们都急切地盼望着儿子学会走路，不过有的父母却对孩子过于宠爱，稍微出点小状况都让他们心疼不已。孩子不慎跌倒了，他自己还没哭闹，父母就开始惊慌失措，大呼小叫了。这个时候，孩子即使摔得不重，也会哇哇大哭起来。若父母假装看不见，孩子就会没事似的爬起来继续练习。

如果家长能够大胆放手，适当给孩子冒险的机会，多让孩子去探索新事物，去面对新挑战，那孩子的能力就能够得到增强，心理素质也会锻炼得更加稳定，个性也会变得坚强勇敢。

男子汉如果失去了阳刚之气，变成了"娇小姐"，这样的男孩子，势必在任何环境下都不能勇敢面对。男子汉应该像一座矗立的青山，而不是像一潭柔美的碧水，这是每一位父母的殷切希望，同时也是社会的要求。所以，让男孩子变得坚强起来吧，这样他才能茁壮成长！

5.为冒险行为系上"安全带"

面对男孩的冒险行为,父母可以适当的进行引导。

陈乾俊是个小小"冒险王",他的父母常常需要加班工作,这样就会留他一个人在家里。为了防止调皮的儿子在家里弄出什么事来或者伤着自己,爸爸妈妈非常重视对他的安全教育,教给了他很多知识和技能。

有一天,陈乾俊一个人在家,他想给下班回家的妈妈做一顿饭。于是,他学着妈妈的样子在厨房里忙活起来,结果,锅里的油太热了,烧着了。

陈乾俊刚开始有些慌张,不过很快,他想起妈妈教给他的办法来。他把锅盖盖在油锅上,又把煤气罐拧紧,用湿毛巾捂住嘴冲出了浓烟滚滚的厨房,然后拨打了119,跑到外面等候。等到消防队员赶到的时候,火早就灭了,消防队员连连夸奖小乾俊的勇敢冷静。

父母对男孩的冒险行为总是担惊受怕,就是因为这些不知道天高地厚的小男子汉们不懂得保护自己。很多小男孩整天伤痕累累,不是从很高的家具上跳下来扭了脚踝,就是骑自行车撞伤了头部。当这些爱冒险的孩子的父母是一分钟都不得空闲的,他们提心吊胆,时时提防孩子受伤。

更让父母吃不消的是,这些"傻大胆"常常忘记以前的教训,好了伤疤忘了痛。父母总不能每天都带着他去医院吧?

正是因为如此，有的父母就会禁止男孩们的冒险行动。可是，这无异于因噎废食。男孩子必须通过冒险来探索世界，必须通过冒险来掌握生活的技巧。倘若他没有了这个机会，那只能变得越来越软弱，越来越像个女孩子，与"男子汉"这个词彻底无缘。

那么，我们该如何做，才能既保障男孩的冒险权力，又保障他的生命安全？唯一的办法，就是父母教给男孩一些安全知识，为他们的冒险行为系上"安全带"。

(1) 原则问题不让步

对于男孩的冒险行为，如果父母教给了他们安全措施而他们不听话的话，那就坚决不能客气。因为这事关他的安全，孩子不懂的，父母就要把好关。

比如，有的孩子不戴头盔和护具就想去滑旱冰，父母就要坚决制止，宁愿让他哭闹，也不能放纵。同时，父母要把危险的后果向孩子解释清楚，告诉孩子如果不小心摔倒了，没有头盔和护具可能会摔成骨折，不仅非常疼痛，还会影响他们的身体发育。

如果孩子天不怕地不怕，对父母的严格规矩不以为然，擅自进行危险的活动，父母绝不要手软，一定要给男孩一些惩罚。只有让男孩意识到父母对他的不安全行为动真格，他才会重视起来。

(2) 潜移默化灌输安全意识

在日常生活中，家长要潜移默化地给孩子灌输安全意识。比如，经常问问孩子"如果你一个人在家，发生了火灾怎么办？""如果出去玩，迷了路怎么办？""假如在路上被车撞了怎么办？""遇到坏人要打哪个电话？"诸如此类的问题，并告诉他正确答案。这样孩子会有意识地记住这些安全常识。

除了这些，父母还要以身作则，随时随地给孩子做出注意安全的榜样。比如，开车之前系好安全带，绝不酒后驾驶，等等。还有，过马路的时候注意交通灯和车辆，不要在道路上玩耍打闹。这些安全常识需要父母一遍一遍不厌其烦地给孩子"播放"，只有这样才能引起他们的重视。

另外，有条件的话还可以带孩子参加一些安全知识讲座，等等。

(3) 告诉男孩面对突发事件要镇定

在美国的北达科他州，有一位名叫约翰·汤姆森的高中生。一天，汤姆森独自在他父亲的农场里干活。在操作机器时，他不慎在冰上滑倒了，衣袖绊在机器里，两只手臂被机器切断。他没有惊惶失措，忍着剧痛，他镇静了下来。想着父亲教给他的自救知识，他跑到了400米外的一座房子里打电话。

他用牙齿打开门栓，用嘴咬住一根铅笔，跑到了电话机旁边，一下一下地拨动了表兄的电话号码。电话接通后，他简明扼要地说出了自己的状况，表兄马上通知了附近的有关部门。

在等待救援期间，汤姆森把断臂放在浴盆里保留着。当救护人员赶到时，他冷静地提醒医生："不要忘了把我的手带上。"随后被抬上担架，进行了断肢再植手术。

他的救助非常成功，仅仅住了一个半月的医院，便回到学校上课了。

很多事情总是不期而至，再好的预防工作也难免遇到意外。万一遇到突发事件怎么办？在日常生活中，家长要给孩子树立起冷静、理智的榜样，告诉他们，面对危险的情况，一定要保持冷静的头脑，只有这样才能赢得更多的生存机会。

比如，切菜的时候不小心把手划伤了，家长可以很平静地请孩子帮助拿创可贴，然后教孩子如何处理伤口。男孩平时习惯了镇定地面对各种事情，才能在遇到意外时，依然保持清醒冷静的头脑，增强他们对自己的保护能力。

(4) 培养男孩对危险的预见性

男孩的很多行为只是出于本能，比如，看到有人欺负弱小他们就会挺身而出，看到有人落水他们就下水去救。然而在行动之前，他们很少有人能理智地想想自己能不能战胜坏人，或者自己会不会游泳，有没有能力救人。

男孩对危险往往没有预见性，同时他们也缺乏在紧急情况下自我保护的能力，因此父母不仅要教育孩子勇敢坚强，更要教育孩子尊重自己的生命。要教会孩子遭遇危险情境时正确判断形势，并采取相应的应对措施，而不是仅仅依靠一腔热血蛮干。这样，对于孩子的冒险行为，我们就不必再忧心忡忡！

细节 12 | 疏导：如何教出健康向上、
　　　　　阳光快乐的男孩

青春期是男孩的高速成长期，
也是一个"事故多发"的危险期。
对于这个时期的男孩，
父母可以采用疏导的方法，
给他们留出私密空间，让他们顺利地
走过这个特殊的阶段，阳光快乐地成长。

1. 叛逆期的"放风筝"式教育

对于叛逆期男孩的教育松紧要适度，要给予尊重和容忍。

最近，妈妈发现刘奇瑞变了许多。以前，妈妈带刘奇瑞出门逛街，他总是拉着妈妈的手或者是挎着妈妈的胳膊走路。现在，他好像故意跟妈妈保持着一定的距离。妈妈有些奇怪说："儿子，离那么远干嘛？"刘奇瑞却支支吾吾地不说话。

有一次，一向体贴乖巧的刘奇瑞还与妈妈闹了很严重的别扭，两人差不多有一周谁也没理谁。原来，有一天下大雨，妈妈怕儿子被淋湿了，就开车去接他放学。结果刘奇瑞却一点都不领情，非要跟同学们一起骑自行车回家，还嫌妈妈多事。

妈妈又心疼又生气地说："妈妈专程来接你，你还嫌妈妈麻烦！"

结果从那天起，两个人就开始了"冷战"。事后刘奇瑞也问自己："为什么拒绝妈妈的好意呢？"他也知道自己不对，可就是不喜欢被同学们看到妈妈对自己的呵护。

不仅是刘奇瑞，相信很多父母都会发现，进入青春期的男孩子，似乎再没了小时候的可爱粘人，不愿再依附自己，再不像以前那样跟妈妈说心里话了，开始跟自己冷漠隔阂起来。好似一夜之间，儿子变成了"陌生人"。

其实，父母们不必为此焦虑、着急。儿子并不是你想的那样，想要离你而去。青春期的孩子，并不是从内心里排斥家长的关爱，而是因为他们产生了强烈的成人感，他们渴望独立，而独立，就从叛逆开始。

在青春期，男孩是很叛逆的，他们渴望独立的心理需求就表现为跟父母对着干，不近人情。男孩本来就不喜欢家长那种腻腻的爱，进入青春期后，他们便会更加反感。所以，家长们可以用"放风筝"的办法来跟青春期的男孩相处。

放风筝的时候大家都知道，拴住风筝的那根线不能太松，太松了风筝会失去控制；但是也不能太紧，太紧了线会绷断。只有松紧适度，风筝才能飞得又高又稳，男孩飞得再高，也离不开父母手中的线。

那么，父母如何松紧适度地教育叛逆期的男孩呢？

(1) 温暖的爱也要冷处理

叛逆期的男孩内心里渴望家长的关爱，但又反感家长那种"明目张胆"的、腻腻歪歪的关爱。如何把握好爱的温度，是家长要注意的，温暖的爱也要适当进行冷处理。

比如，看到儿子无精打采，妈妈以前也许会赶紧问他是不是生病了，或是去摸他的额头，帮他量体温等。如果这样做了，儿子肯定会不领情。其实，只要在与儿子独处的时候，不经意地问一句，是不是不舒服，并告诉他平时的药放在哪里就可以了。

另外，妈妈们也要少点唠叨，像以前总是提醒儿子"出门要带外套"、"睡前要关窗子"，等等。其实很多事情不需要说了，小男子汉们已经能够照顾自己，说多了反而会引起他们的逆反心理，跟父母对着干。

(2) 像对待成人一样给他尊重

如果你要问，青春期的男孩渴望什么？答案只有一个：尊重。这个时候的他，宁可少要一件玩具，也想得到你的尊重。这一点，父母必须引起注意。

许功一直是大家公认的好孩子，以前当爸爸妈妈指出他的缺点时，他会虚心接受。但进入初中后，他开始听不进父母的意见，父母指出他的错误时，他会不耐烦地顶回去："不要再说了，我又不是小孩子了，烦不烦呀！"有时甚至故意跟父母对着干，不让干什么偏干什么，把父母气得够呛。

后来，妈妈咨询了老师，知道这是青春期男孩的通病，他们渴望跟成人平起平坐，渴望被尊重。于是，妈妈决定换一种教育方式。一个周末，妈妈郑重地通知许功，要开一次家庭会议讨论放了暑假之后去哪里旅游。在会议上，许功充分发挥了自己的权利，最后投票决定去海边玩。

一周的旅行之中，许功像爸爸一样担负起了男子汉的责任：背着沉重的书包、照顾妈妈、去旅馆订房间……旅行结束后，许功竟然改变了很多，对于爸爸妈妈的意见又开始重视起来。

青春期的孩子渴望与成人平起平坐，渴望家长用对待成人的方式对待他们，尊重他们。如果家长满足了他们的这种心理需求，那么男孩自然会用尊重来回报你。

(3) 容忍男孩的"个性"

叛逆期的男孩，经常通过崇尚时尚来张扬自己的个性。所以，当你看到儿子穿浑身都是口袋、一个裤腿能装进他两条腿的衣服，你不要皱眉；看到他把头发染成黄颜色，耳朵上打了好几个耳洞，你也不要慌张；或是有一天你看到他在街上叼着烟卷，你也没必要破口大骂、拳脚相加……

除了着装打扮，儿子的语言父母们也越来越听不懂了，"火星语"不时从他们嘴里冒出，有些父母就发愁：是不是儿子要走上歪路了呢？

其实，这些都不过是他们追求"个性"的一种表现，你大可以"睁一只眼，闭一只眼"。等到他们长大了，自然会摒弃"潮流"。每个人都经历过年轻，想想看，在你青少年时期，是不是也崇拜过明星，是不是也按照他们的样子打扮自己？所以，学着去理解孩子吧。只要不是特别过分，他们走过的路，其实正与我们走过的路一模一样。

所以，对于青春期的男孩子，我们真的需要调整教育模式了。其实，与这些"离经叛道"的男孩交流也不是难事，只要你适度关心一些他们所关心的，谈话的时候就有了共同的话题，你的男孩也就不会与你有隔阂了。

2.留出属于男孩的私密空间

父母若不尊重男孩的隐私，就会失去他的信任。

最近，爸爸发现傅名跟妈妈闹得很僵。妈妈喊他吃饭他不理睬，叫他的名字他还装着听不见。一问妈妈，妈妈一肚子苦水："我还不是为了他好，他这个年龄最容易出事，我怕他早恋耽误学习，就听了一位女生打给他的电话。这不，那个女生约他星期天去公园玩呢！你说我能不担心么，说了他几句，他竟然说我侵犯他的隐私，不理我了！真是儿大不由娘啊！"

爸爸又去问傅名怎么回事，没想到傅名也有满腹委屈："妈妈除了偷听我的电话，还翻看我的手机短信和通话记录。有一天放学回家，我发现妈妈打开了我的电脑，可能是偷看我的聊天记录吧。我很生气，妈妈是把我当贼么？为什么这样监视我，我还有没有隐私了？"

爸爸听了妈妈和儿子的话，真不知道他俩谁对谁错了。

曾经，有研究室对众多父母进行过调查，统计数据结果表明，只有5.3%的家长意识到孩子有隐私权，家长不可以翻看孩子的日记、信件等。

由此可见，不尊重孩子的隐私，这种情况非常多见。但父母们没有意识到的是，《中华人民共和国未成年人保护法》中的条例明确规定：任何组织和个人不得私自开拆或查看未成年人的信件、日记、电子邮件等个人信息，有的地方条例还加上了网上聊天记录、手机短信等内容。

这就是说，父母翻包、翻抽屉、查邮件、查短信等用心良苦的行为，其实是违法的。

更重要的是，父母这么做，真的对教育孩子有用吗？一项专项调查结果显示，70%的孩子都强烈反对父母偷翻、偷看的行为。在回答"你最不喜欢怎样的母亲"时，对"不尊重子女，经常翻看孩子的日记、书包、抽屉"的选择率达七成多。

当看到父母不尊重自己的隐私，男孩子又怎么会听父母的教育？所以，越来越多的孩子与父母出现了摩擦。在他们看来，父母就是不讲道理的，就是监视自己的。

父母要记得，尊重孩子隐私，就是保护孩子人格尊严，这在本质上原是监护人的重要责任之一。然而现实生活中，这份责任却往往被他们亲手抛弃了。这么做的结果，只会伤害孩子的自尊心，使孩子对家长更加不信任。

为什么，父母不可以有这样的思维：如果有良好的沟通作为桥梁，如果能使孩子把自己的父母当成知心的朋友，那么，父母还有必要去干那些偷偷摸摸的事吗？所以说，建立与孩子完善的沟通桥梁，让孩子能够顺顺利利地走过青春期,这才是重中之重的事情。

(1) 放下家长权威,尊重男孩

看到孩子对日记很在意,父母就应该明白:孩子已经长大了,有了属于自己的隐私。这个时候,我们就应该给他一份独立的空间。即使孩子明确告诉你不能看,你也不必因此大惊小怪,而是应以理解和宽容来对待他们,允许他们有自己的"自留地"。倘若我们依旧端着家长的架子,那么结局一定是双方都很沮丧。

有一天,立超放学回家后,发现妈妈脸上带着不自然的表情,从自己房间里走出来。立超走进房间仔细查看了一下,发现自己的抽屉关着,但是里面的物品位置却不一样了。最重要的是,自己的日记本里夹着的小纸条不见了。

于是,立超出来质问妈妈:"你为什么偷看我的日记?"

没想到妈妈却振振有词:"怎么了?当妈妈的看儿子的日记还有错吗?"

"你这是侵犯我的隐私权,是犯法!"立超毫不示弱。

"怎么了,你还要告我么?"妈妈毫不在乎地对立超说。

结果,立超当场烧掉了自己的日记,并且足足一个月没有再跟妈妈说话。

生活中,这种家长不尊重孩子隐私的现象并不在少数。在大人看来,父母对儿子拥有"所有权",看看他们的日记有何不可?可对孩子来说,大人的这些不信任、不尊重他们的行为,是非常恶劣的,而且严重伤害了他们的自尊心。

(2) 多与男孩沟通

其实,青春期的男孩是藏不住秘密的,他们也需要人分享自己的小秘密,倾听自己的内心。做父母的如果能巧妙地成为男孩的朋友,让他们放下戒心,自然就不需要通过偷偷摸摸的手段去了解自己的男孩了。

最近，爸爸发现庆太爱打扮了，每天早上把头发梳得铮亮，还对着镜子挤青春痘，放学后还常常接到女生的电话，一聊起来就满面红光、没完没了。爸爸想，这小子怕是早恋了。可是，直接问他又怕引起他的逆反，怎么才能掌握第一手"情报"呢？

一天，庆太打完电话后没有直接回自己的房间，而是坐到爸爸旁边看电视。爸爸漫不经心地说："行啊，儿子，没给老爸丢脸，有女孩子喜欢上你了吧！"

庆太有点脸红地说："没有，就是好朋友了！"

"呵呵，老爸也是那个年龄过来的。来说说，让爸爸给你参谋一下！"

就这样，庆太慢慢讲出了自己的秘密，而爸爸也根据这些情况及时地引导，帮儿子正确地处理好了这些关系。

父母要尝试着了解、耐心地倾听男孩的想法，让男孩打开心扉，这样才能更好地了解男孩，掌握孩子的各种思想动态，从而给予他及时的指导，陪伴他走过这段"危险期"。所以说，父母想要窥视孩子的内心，这种想法可以理解，但是我们不一定只有偷看一条路走。事实上，父母平常只要细心观察孩子的一举一动，就可以看出孩子的思想变化，然后根据孩子的性格特征，采取相应的措施，以达到引导孩子明辨是非的目的。

(3) 多关心男孩的生活，少插手隐私

男孩到了青春期之后，最讨厌父母问他学习情况，问他谈恋爱没有，问他又交了哪些朋友，这些都是男孩非常看重的隐私。但是，父母却不这么认为，他们总觉得孩子自控能力差，需要监督与保护，偷窥行为也是出于对男孩的爱护。

的确，叛逆的男孩也需要父母的关爱，但是这种关爱应该多放在他的生活起居上面，而非"刺探"隐私。比如，在孩子出门前问一句："几点回来啊，晚饭想吃什么，路上小心点。"仅此而已，没有必要寻根究底地打听。

父母给男孩生活上的关爱，可以增加男孩的安全感，从而学会承担家庭责任，关心父母。在这种和谐的家庭环境中，男孩很可能会主动打开话匣子，向父母倾诉他们的小秘密，使自己可以快乐地度过这段"危险期"。所以，我们还是别去做"侦探"了！

3.一起顺利走过青春期

当男孩进入青春期后，父母应该陪他一起走过。

刘永廉是家里的独子，爸爸妈妈为了让他好好学习，给他创造了很好的物质条件。他也很争气，从不惹祸，不仅成绩在班里名列前茅，而且还当上了班长，很多同学的家长都把他当作教育孩子的榜样。

然而上了初二以后，妈妈却发现儿子有些改变。平时，放学后刘永廉总是按时回家写作业，现在却常常晚回家半个多小时，问他他就说在学校写作业了。周末的时候，儿子也不在家看书学习了，一早就出去，很晚才回家。并且还常常躲进自己的房间打电话，一打就是一两个小时，有时候还坐在椅子上发呆或者莫名其妙地发笑。这让妈妈很担心，孩子是不是精神上有什么毛病了？

　　后来，一个偶然的机会，妈妈去商场买东西，却看见儿子跟一个漂亮的女生牵着手逛街。看着他们有说有笑很亲密的样子，妈妈恍然大悟：儿子这是早恋了，这可怎么办才好！

　　随着孩子进入青春期，他们开始关注异性，喜欢与异性交往。同时，不少家庭都是独生子女，这些家庭里的孩子更孤独。因此，青春期的男孩早恋也就不足为奇了。

　　男孩早恋，这是让许多望子成龙的父母们最头疼的事情，小小年纪，怎么就"不走正道"呢？早恋的孩子常把握不住自己的情感，心态波动大，易产生莫名的烦恼，导致精神不佳、心悸、头痛、失眠等，严重影响心理健康。所以，我们要杜绝孩子的这种行为！

　　可事实上，早恋真的有那么严重吗？如今，有越来越多的教育专家，提出了这样一种观点：恋爱没有早晚之分，只要进入青春期，任何人都会对爱情充满憧憬。无论古代还是现代，中国还是外国，所有的孩子们都想谈一次轰轰烈烈的恋爱。由此可见，对爱情的追求是不分年龄的，那么，我们有什么道理说早恋就是荒谬的？

　　看看我们自己吧，我们也从青春期走过，可是绝大多数的早恋不也没有酿成什么不可挽回的后果么？青春期的男孩对异性的爱慕多是朦胧的、单纯的，只要家长善于引导，男孩会顺利地走过这个"危险区"。所以，我们就不要总戴着有色眼镜来看待早恋。

　　(1) 慎扣早恋的大帽子

　　青春期的男孩，开始喜欢跟异性交往，有时候孩子只是对异性很好奇，渴望了解异性。有的父母对男孩的交往活动过于敏感，只要看到他们跟异性在一起，就立马扣上早恋的大帽子，开始进行政治教育，甚至是限制他们的自由，而这样做，往往会适得其反。

同异性交往是男孩的正常欲望，他们很多时候只是朦朦胧胧地靠着自己的本能去交往。而且，对于许多男孩来讲，他们和异性之间远未发展到非常爱慕的阶段。所以，父母在发现孩子与异性之间交往的时候，不要轻易地给他扣上早恋的帽子。

过早地被扣上早恋的帽子，处于叛逆期的孩子有时候真会做出叛逆的事情来。有时候，父母越是压抑他的这种欲望，这种欲望就越膨胀，偷偷摸摸的"地下活动"，反而让他觉得更具诱惑力，更刺激。所以，家长要允许男孩适当地跟女孩交往，不要动不动就怀疑他早恋。

(2) 对早恋的男孩疏导胜于围堵

就像《罗密欧与朱丽叶》中的主人公一样，外界的反对反而使他们的爱情更加牢固，甚至为了捍卫爱情而不惜生命。因此，要像大禹治水一样，用疏导而非围堵的方式引导男孩走过这个阶段。

李岩庆是某中学初三学生，他是个品学兼优的好孩子，不仅担任班长，还是学生会主席。

就在初三下半学期，李岩庆跟另一位学生会干部谈恋爱了，那个女生的学习同样很优秀，人也很漂亮。然而，李岩庆的父母发现他早恋之后，非常生气。爸爸把他关在家里，妈妈更是冲动地来到学校，找到那个女孩"说教"了一顿，那个女孩非常羞愤，当天就退学回家了。

过了几天，父母发现李岩庆偷偷跑出了家门，当天晚上也没有回家。寻找了很多地方没有找到之后，父母报了警。此时，父母才知道自己的极端做法是多么不对，然而后果已经无法挽回了。

在初涉情场的男孩眼中，爱情是无比神圣和纯洁的，甚至值得用生命去捍卫。如果父母用极端的手段想让男孩从早恋的泥潭里走出来，很可能不是拉他一把，而是推他一下，导致无法挽回的后果。

(3) 尊重男孩的情感，转移男孩注意力

早恋是一朵带刺的玫瑰，男孩常常被它的芬芳所吸引，一旦沉溺其中，就会被无情地刺伤。然而，进入青春期的男孩女孩就像自然界中磁性的两极一样，会自然地相互吸引。父母要理解男孩对异性的感情，尊重他，不要觉得自己的孩子变坏了，这只是他长大的一个过程。

(4) 别把性神秘化

有的父母之所以阻止孩子早恋，关键就在于怕孩子偷食禁果。其实，孩子们之所以那么做，就是因为不了解性，从而产生好奇，所以才想尝试一番。想要解决这个问题，父母的唯一方法就是大大方方地对孩子进行性教育。当孩子对性有了深刻的认识，同时受到父母的正确引导，他就不会把性看得那么神秘了。总之，只要方法得当，那么你就会发现，孩子早恋根本不是大问题，反而会促使他更加成熟、更加快乐！

早恋不可怕，可怕的是父母采取不当的行为进行"围剿"。对于早恋的男孩，我们不要责备羞辱，而是应当像朋友一样关心他，引导他迈过这个坎，帮助他树立正确的人生观、价值观。同时，父母可以鼓励男孩参加一些集体活动，这样不仅能够宣泄男孩多余的能量，还可以借此陶冶他们的情操。

4. 划出行动的"雷区"

父母要告诉青春期的男孩,什么可以做,什么不应该做。

初三刚开学,翟伟坤的班上来了一个新同学。据老师说,这个女孩原来在大城市里的一所重点中学,后来因为爸爸妈妈去国外援助,才让她回到这所城市,这样爷爷奶奶可以照顾她。翟伟坤的旁边刚好空着,于是这个新来的女孩就成了他的同桌。

这个同桌落落大方,主动跟翟伟坤说话,向他请教一些学习上的问题,两个人还经常给对方讲一些以前学校里的趣事。渐渐地,翟伟坤发现这个女孩身上似乎有种神奇的魅力,她的笑容是那么动人,跟她在一起翟伟坤觉得心情好极了。

有一天放学后,翟伟坤把一张小纸条放到了那个女孩的书包里。忐忑不安了一个晚上之后,他等待着女孩第二天的答复,他很怕对方会拒绝他。因为,他见过好朋友王伟失恋后痛苦不已、消沉颓废的样子。

然而,这位女孩第二天却跟往常一样,依然对翟伟坤有说有笑,没有收到小纸条的任何表现。后来,他旁敲侧击地才弄明白,女孩回家后把书包扔进了洗衣机。明白原因之后,翟伟坤心里竟然像放下了一块石头。

后来,两个人成了好朋友,一起升入了重点高中和理想的大学。

在阴差阳错中,翟伟坤把握住了跟女同桌之间的距离,避免了尴尬或者早恋的发生。

正所谓"哪个少女不怀春,哪个少男不钟情",在进入青春期之后,男孩们的眼前仿佛开启了另一个世界。他们会突然觉得女孩子是那么赏心悦目,在本能的驱使下,他们开始喜欢与异性交往,但是对于如何把握交往的尺度,他们显然不如成人那样游刃有余。

这个时候,我们做父母的,就必须给孩子提供足够的帮助。我们可以告诉孩子,与女孩之间的交往必须把握好适当的分寸,否则就会过犹不及。把握不好距离感的男孩,在女孩面前有各种表现,虽然他们都有一种朦胧的、喜欢跟女孩相处的情感,但是有的男孩可能会感觉不自然,一说话就脸红。这种心态,是不利于他建立正常的异性关系的。

那么,父母如何让男孩把握好与异性交往的距离呢?

(1) 让男孩分清友情和爱情

严行健跟李雪是邻居,他们从小一起上幼儿园,又一起上小学、初中,在各种活动中也常常合作。这两个孩子都乐于助人,好学上进,他们还常常一起谈天说地,很多小秘密也互相分享。

可是,有一天严行健却闷闷不乐地回家,跟妈妈说:"以后再也不跟李雪在一起了!"询问之下,妈妈才知道原因。原来,在学校里,有人说他俩两小无猜,是"男女朋友"。听了这些话,严行健感觉没面子,所以说不想跟李雪在一起了。

妈妈严肃地对他说:"儿子,你跟小雪从小就是好朋友,你们互相帮助、互相鼓励,干吗要听那些流言蜚语啊,你们的友谊妈妈看得很清楚,你们交往的尺度很合适的。"

听了妈妈的话,严行健解开了心结,第二天又跟李雪说说笑笑地上学去了。

很多爱情都是由友情转化而来，但是也有的友情始终只是友情。对于男孩跟女孩之间的友谊，父母只要注意观察，随时引导，就能把危险化解于无形之中，让友情成为男孩成长的助力。最忌讳的，就是父母对孩子不管不顾，觉得不好意思谈论这类话题。这么做，只能让男孩子陷入纠结中不能自拔。

(2) 常跟男孩交流

青春期的男孩之所以让父母们费心，还因为他们往往把什么事情都闷在心里，不愿意跟父母说。而且，关于异性的事情，男孩也不好意思和父母说，所以，父母往往会突然发现男孩跟女孩走得太近了。其实，只要父母常跟孩子交流，是完全可以把问题消灭在萌芽状态的。

初三的昊昊喜欢上了班级新转来的一个女孩，这女孩长得很漂亮，学习成绩也很好。

这个情况，是妈妈最近在跟昊昊聊天的时候发现的。那天，当昊昊聊到这个女孩的时候语气跟以前不一样了，而且脸还红了一下，因此，妈妈推测昊昊跟她的关系"不一般"。

后来，昊昊就承认两个人是好朋友，妈妈说："喜欢一个人并没有错，但是你们的年龄还小，如果这时候把握不住自己，即使现在谈朋友，将来也不能长久。如果你真喜欢她，就像好朋友一样交往，不然连朋友也会做不成了。等到你上完大学，再告诉她也不迟。"

妈妈的话，让昊昊顿时如释重负。他很感激有这样一位妈妈，否则他一定会感到在这个家待不下去了！

在平时的生活中，父母要把自己当作男孩的朋友，站在平等的位置上倾听他们的烦恼，帮助他们出谋划策。只有这样，男孩才会敞开心扉，乐于跟父母交流。

当父母通过交流或者观察，发现男孩跟女孩的交往超出了正常的友谊的时候，父母可以心平气和甚至是装作不经意的样子跟他谈谈，让他明白青苹果虽然看上去很美，但是吃起来却很涩，不如让这份朦胧的感情化作美好的回忆。心平气和式的建议，通常都会得到孩子的正面反应。因为，他也站在十字路口，父母的建议正是他最需要的。

（3）为男孩划出"雷区"

青春期是男孩的多事之秋，身体成长和心理发展都不成熟，一不小心就会出问题。因此，在男孩跟女孩的交往过程中，父母要及时给男孩"打预防针"，给他划出行动的"雷区"。

比如，建议他们不要跟女孩单独待在一起，禁止男孩阅读那些不健康的书籍，禁止他们上一些非法网站，更严禁他们过早品尝禁果，等等。父母不能禁止男孩去喜欢一个人，这是青春期情感的合理表现。但是在处理和喜欢的人的关系时，要让男孩考虑到现实，不能做出不理智的事情。

你看，帮助孩子建立异性关系就是这么简单。只要方法得当，孩子自然不会不讲道理。反之，倘若你大发雷霆，那么孩子就会更加对着干，将事情弄得更糟！

其实，理财教育也是男孩成长中非常重要的一课，每个人在社会上生存，都必须要有一定的经济基础才行。为什么现在有很多年轻人都是"月光族"？这关键就在于：这些年轻人从小就没有学会理财。而这样的年轻人，买车买房对于他们来说只能是奢望！

所以，为了避免孩子成年后成为"月光族"，对男孩的理财能力的培养，已经势在必行。父母要让他们懂得钱从哪里来，要让他们懂得如何赚钱、如何积蓄，让他们对自己的财富有一个长远的规划，这样他们才能避免长大后可能出现的"财政危机"。

那么，如何帮助男孩掌握理财能力呢？

(1) 让男孩正确认识金钱

在犹太家庭中，男孩的第一堂课就是认识金钱。金钱并不仅仅只是一张纸，有时候它还是亲情的体现、友谊的体现、劳动的象征。

周清的妈妈带他去姑姑家玩，姑姑家有个和他差不多大的弟弟，两个孩子很快玩到了一起。

正玩得高兴，周清不小心把玩具小汽车给弄坏了，弟弟哭个不停，周清却不以为然："不就是个破汽车吗，让我妈妈赔钱给你就是了，我妈妈有的是钱！"

妈妈听到后当场批评了他："这不是钱的问题，这是过生日的时候爷爷送给弟弟的，感情是钱买不来的。"

在妈妈的教育下，周清向弟弟道了歉。

金钱本身没有罪恶，因此，家长在男孩面前不必忌讳谈钱。相反，应该及早引导孩子正确认识金钱，让他们知道金钱并不是万能的，它买不来健康、